しっかり学んで絶対にうまくなる!

ソフトバレーボールの教科書

The Textbook of SOFT VOLLEYBALL

日本ソフトバレーボール連盟 監修

日本文芸社

はじめに

ソフトバレーボールは「いつでも、どこでも、だれでも、いつまでも」をスローガンに、1987年に日本で誕生したスポーツです。競技の基礎は現在でも広くプレーされている6人制のバレーボールの長所を採用したものですが、子どもからお年寄りまで、すべての人がともに楽しめるようコートを狭くし、ボールも軟らかいゴム製に換えることで、安全でより手軽な生涯スポーツとして進化させた競技がソフトバレーボールです。

本書はこれからソフトバレーボールをはじめようとする初心者に向けて、競技の仕方や、プレーのテクニックをわかりやすくまとめたものです。また、写真とイラストをふんだんに使い、プレーのポイントを細かく解説してありますので、すでにソフトバレーボールを楽しんでおられる人にとっても、役立つ一冊となっています。

パスやレシーブ、スパイクといった基本技術と合わせ、各技術の練習法や、一人でもできるストレッチ＆トレーニングも収録されており、タイトルどおり「ソフトバレーボールの教科書」として編集されたのが本書です。

日本ソフトバレーボール連盟は、競技の普及と生涯スポーツとしての新たな展開を目的として発足した団体で、2020年で誕生30年目を迎えます。これからもソフトバレーボールの楽しさを多くの方に伝える団体として、その活動に期待が集まっています。本書がその一助となってもらえれば幸いです。

編集部

2020年2月

Contents

■本書について　008

Introduction　イントロダクション　009

ソフトバレーボールってどんな競技？　010
だれでもが安心して楽しめるスポーツ　010
使用コートと用具　011
ボール　012
ウエアとシューズ　012

Lesson 1　パス&レシーブ　013

1 パスの基本　014
2 オーバーハンドパス　016
3 アンダーハンドパス　018
● パスの練習法　020
4 レシーブの基本　022
5 オーバーハンドレシーブ　024
6 アンダーハンドレシーブ　026
7 ヒザ滑りレシーブ　028
8 スライディングレシーブ　030
● レシーブの練習法　032

Lesson 2　トス　033

1 トスの基本　034
2 オープントス　036
3 Aクイックトス　038
4 Bクイックトス　040

5 バックトス 042
6 ジャンプトス 044
7 シングルハンドトス 046
● トスの練習法 048

Lesson 3 スパイク 051

1 スパイクの基本 052
2 コースの打ち分け① クロス 054
3 コースの打ち分け② ストレート 056
4 コースの打ち分け③ インナー 058
5 クイック 060
6 バランススマッシュ 062
7 ソフトアタック 064
8 フェイント 066
9 プッシュ 068
10 ブロックアウト 070
11 リバウンド 072
12 ツーアタック＆フェイント 074
● スパイクの練習法 076

Lesson 4 ブロック 079

1 ブロックの基本 080
2 ソフトブロック 082
3 クロスブロック 084
4 2枚ブロック 086
● ブロックの練習法 088

Contents

Lesson 5 サーブ —— 089

1 サイドハンドサーブ —— 090
2 オーバーハンド·フローターサーブ —— 092
3 オーバーハンド·スピンサーブ —— 094
4 ジャンプフローターサーブ —— 096
5 ジャンプパワーサーブ —— 098
6 背面サーブ —— 100
7 ドライブサーブ —— 102
● サーブの練習法 —— 104

Lesson 6 戦術とゲームプラン —— 105

1 フォーメーション —— 106
・サーブのねらい所 —— 106
・サーブレシーブのフォーメーション —— 107
・サーブレシーブからのアタック① —— 108
・サーブレシーブからのアタック② —— 109
・ブロックの基本 —— 110
・ブロック&レシーブ —— 111
2 欠点を克服するゲーム練習 —— 112
・課題ゲームによる練習 —— 112
・アウトゾーンを設定した練習 —— 112
・ポイントゾーンを設定した練習 —— 113
・少人数でのゲーム練習 —— 113
3 ゲームプラン —— 114
・タイムアウトを有効に使う —— 114
・メンバーチェンジでリズムを変える —— 114
・スカウティングで作成を立てる —— 114

Lesson 7 ストレッチ&トレーニング

Lesson 7 ストレッチ&トレーニング ―― 115

1 ケガの予防と柔軟性のアップに役立つストレッチ ―― 116
1 首のストレッチ ―― 116
2 肩と腕のストレッチ ―― 116
3 肩甲骨周りのストレッチ ―― 117
4 腰と臀部のストレッチ ―― 118
5 股関節のストレッチ ―― 118
6 ふくらはぎのストレッチ ―― 119
7 太もものストレッチ ―― 120
8 足首とアキレス腱のストレッチ ―― 120
2 プレーのパフォーマンスを高めるトレーニング ―― 121
1 腹筋のトレーニング❶ ―― 121
2 腹筋のトレーニング❷ ―― 122
3 腹筋のトレーニング❸ ―― 123
4 背筋のトレーニング ―― 123
5 股関節&太もものトレーニング❶ ―― 124
6 股関節&太もものトレーニング❷ ―― 125
7 股関節&太もものトレーニング❸ ―― 126
8 股関節&太もものトレーニング❹ ―― 127
9 ふくらはぎのトレーニング ―― 128

Lesson 8 プレーの進行と基本ルール

Lesson 8 プレーの進行と基本ルール ―― 129

1 プレーの進行 ―― 130
2 プレーの基本ルール ―― 132
3 審判員のハンドシグナル ―― 134
4 審判員の任務と役割 ―― 138

用語解説 ―― 140

本書について

本書は日本ソフトバレーボール連盟監修のもと、
公式ルールにのっとってソフトバレーボールの技術および競技方法を解説した実技書です。
主にスパイクやレシーブなど、ボールの打ち方の基本技術を
中心として解説してありますので、
ボールに触ったことがない人でも、本書を参考にして練習していただければ
上達は早いものと思います。
本書の構成および紙面の見方は以下のようになっています

本書の構成

Lesson 1　パス&レシーブ
Lesson 2　トス
Lesson 3　スパイク
Lesson 4　ブロック
Lesson 5　サーブ
Lesson 6　戦術とゲームプラン
Lesson 7　ストレッチ&トレーニング
Lesson 8　プレーの進行と基本ルール
用語解説

本書の見方

Check! マークは、練習の際、特に気をつけて行いたい点をワンポイントで解説してあります

ココがポイント 部分は、その技術でのカギとなる動作を抜き出して解説してあります

NG で表示されている部分は、こうしてはいけない悪い例を、写真で解説してあります

連続写真のポイントをひとコマごとに解説してあります

連続写真は動きの流れに沿って配置されており、方向は帯の矢印の向きで表示されています

Lesson 0

イントロダクション
Introduction

ソフトバレーボールってどんな競技?
だれでもが安心して楽しめるスポーツ
使用コートと設備
ボール
ウエアとシューズ

ソフトバレーボールってどんな競技？

だれでもが安心して楽しめるスポーツ

ソフトバレーボールとはその名のとおり、軟らかいゴム製のボールを使って行うバレーボールのこと。バドミントンコートと同じ大きさのコートを利用して行い、一般的なバレーボールが6人制なのに対して、ソフトバレーボールは4人制（1チームは8人）で競われます。

クッション性の高いボールを使用するためケガが少なく、子どもから高齢者までだれでもが安心してプレーできるのが特徴で、打球スピードも速くないため、初心者でもラリーが続きやすいという楽しさがあります。

もともとは6人制のバレーボールの普及を担うためにはじめられた競技ですが、今では老若男女を問わずプレーできる競技として愛され、全国各地で広くプレーされるまでになっています。

年齢や性別の区別なく、だれでもが楽しくプレーできるのがソフトバレーボールの最大の魅力

図1 コートのサイズ

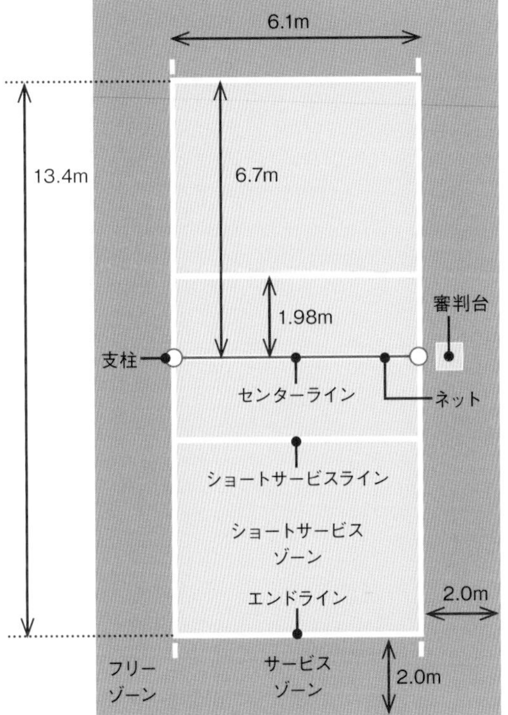

コートの外周はバドミントンコートと同サイズ。ネットを張る支柱のどちらか一方の後ろに審判台が設置されます。

使用コートと用具

ソフトバレーボールのコートは、バドミントンコートを活用して用いられ、サイズおよびライン等の名称は図1のようになっています。この中で「ショートサービスライン」と「ショートサービスゾーン」は小学４年生以下のプレーヤーがサーブを行う場合に使われます。

センターラインと両横のサイドラインの交差部分には、図2にあるような支柱およびアンテナ、ネットが設置されます。ネットの高さは2mと一般的な6人制バレーボールより数十cm低いため、背の低い子どもや女性でも無理なくスパイクが打てるのも魅力のひとつです。

図2 支柱とネットのサイズ

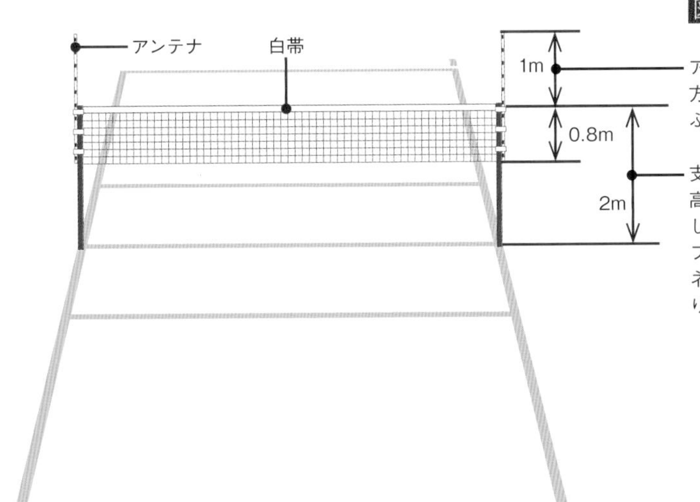

アンテナは白帯の上端から1m上方に出るようにし、支柱の外側のふちにテープ等で固定します。

支柱はバドミントン用のものに、高さを調整する補助器具を装着して代用しても構いませんが、ソフトバレー専用の支柱は細長くネットと一体化しているため、より安全性は高くなります。

ボール

ソフトバレーボールで使用されるボールはゴム製で、重さは210g(±10g)、外周は78cm(±1cm)と決められています。

軽くて弾力があるため、子どもや女性、高齢者でも無理なく安全に扱うことができます。一般的なバレーボールに比べて軟らかいため、サーブやスパイクなど強打すると大きく変形するのが特徴です。

通常プレーや練習の前にポンプで膨らませて使用しますが、空気を入れる際には、専用ゲージで上記の規格内に収まっているかどうか確認することが大切です。

重さ 210g(± 10g)、外周 78cm(± 1cm) が使用球の規格。
※日本ソフトバレーボール連盟の公認球はモルテン社製とミカサ社製です

ウエアとシューズ

ソフトバレーボールのウエアに細かな規定はありませんが、伸縮性が高く、動きやすい素材のものがベストです。一般的にバレーボール用として市販されているものを着用すれば問題ありませんが、練習試合などではTシャツなどの代用も可能。半袖シャツにショートパンツの組み合わせが一般的です。

シューズは体育館で使用可能なインドアタイプのものであればOK。これも滑りにくく、プレーしやすいように作られているバレーボール用のものを選べばいいでしょう。また、ヒザ当てやサポーターなども、ケガの防止には役立つアイテムといえます。

ウエアは「速乾性」と「汗の吸収」にすぐれたものを選びたい

Lesson 1

パス＆レシーブ

Pass & Receive

パスの基本
オーバーハンドパス
アンダーハンドパス
パスの練習方法
レシーブの基本
オーバハンドレシーブ
アンダーハンドレシーブ
ヒザ滑りレシーブ
スライディングレシーブ
レシーブの練習法

1 パスの基本 —— どんなときでも「ハンズミドル」に構えるのがパスの基本

ボールを味方プレーヤーに送ることをパスと呼び、実戦ではレシーブ（P22参照）とほぼ同じ動作となります。相手からのボールをパスでつないで攻撃に結びつけるのがソフトバレーボールの基本ですから、パスは必ず身につけておかなければいけない技術です。

パスには「オーバーハンド」と「アンダーハンド」の２種類がありますが、ボールが大きくて軟らかいソフトバレーボールでは、ボールコントロールのしやすいオーバーハンドが基本となります。

常に手を腰よりも高く上げ、どこにボールが来てもすばやく正面に入れるよう、軽くヒザを曲げておくのが基本姿勢。ボールの高低やコースに瞬時に対応できるよう、しっかりとした構え方を身につけましょう。

Over hand オーバーハンドパス

ソフトバレーボールでのパスは、ボールを指を使って上げるオーバーハンドパスが基本。胸より上のボールはできる限りオーバーで対応しよう

Under hand アンダーハンドパス

腰より低いボールや前に急激に落ちるボールには、両手を組んだ形で受けるアンダーハンドパスで対応する。前腕部の広い面でボールをキャッチするのが基本

ネットからの距離で手の高さを変えて構える

どんな場面でも手を胸の前で構える「ハンズミドル」が基本ですが、自分がコートのどこにいるかによって、構えているときの手の高さや向きがやや異なります。ネット付近では手を頭よりも高く上げる「ハンズアップ」が、エンドラインに近い場合はアンダーハンドでも対応できるように手のひらを上に向けて構える「ハンズダウン」が基本となります。どのポジションでも腰を落として軽くヒザを曲げ、前後だけでなく横の動きにも対応できるようにしておくことが大切です。

ネット付近
頭より高く手を上げる

中央より後方
胸の前で、手のひらは前向きに

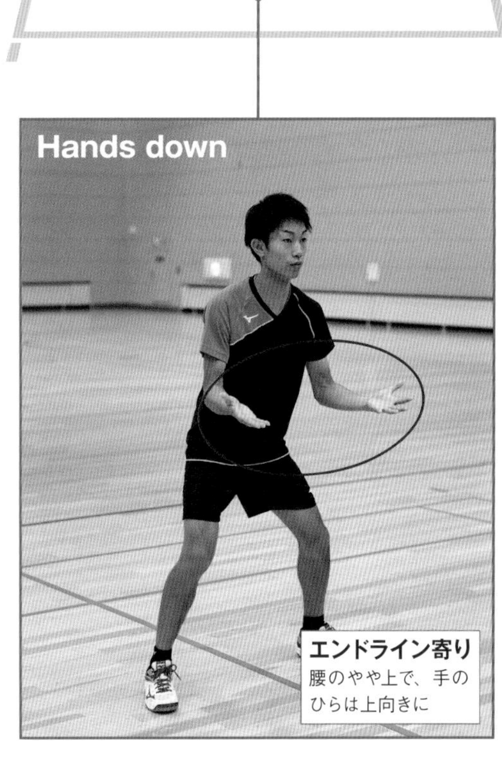

エンドライン寄り
腰のやや上で、手のひらは上向きに

2 オーバーハンドパス —— 額の斜め上方でボールをとらえる

オーバーハンドでは両手を広げて親指と人差し指で三角形の"窓"を作り、額の前でボールを受けるのが基本です。顔や胸の前など、低い位置では相手ボールのコースが見づらく、また、後方にボールを飛ばすバックトス（P42参照）もしにくくなります。両ひじを開き、頭を動かさずに手のひらの三角形の"窓"からボールを目で追いかけるようにします。

ボールを飛ばすときに重要になるのは、指の中でも親指と人差し指、中指の3本（両手で6本）。特に親指はバックパスでは重要な役割を担います。すばやくボールの落下地点に入り、体の正面でボールをとらえるのがパスを安定させるコツです。

1 両腕を高く構えたまま、フットワークを使ってボールの落下地点へ移動する

2 落下地点に入ったら腰を落とし、両手で作る三角形の窓からボールの位置を確認

Point of Technique | ココがポイント 「常に同じ位置でボールをキャッチする」

額からボールを受ける手までの距離はこぶし3つ分が理想です。それより遠すぎたり近すぎたりすると、ボールにうまく力を伝えることができません。また、ボールが軟らかいので、ヒットポイントがズレるとミスにつながります。腕だけで対応しようとせず、足を使ってボールの正面に入るよう心がけましょう。

頭とボールの間の距離をとって視界を広くする

Check!
ボールをとらえるときはアゴを引いて視界を確保

Check!
ボールが軽くても腕の力だけではなく、下半身も使ってボールを運ぼう

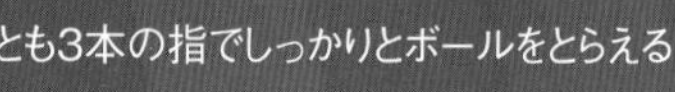
3 両手とも3本の指でしっかりとボールをとらえる

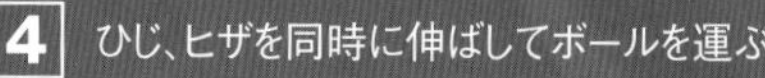
4 ひじ、ヒザを同時に伸ばしてボールを運ぶ

3 アンダーハンドパス —— 腰から下のボールはアンダーで対応

腰の高さより低く、前方で落ちる低いボールに対してはアンダーハンドパスで返球します。オーバーハンドに比べ、腕との接地面積が小さいアンダーハンドパスは安定性に欠けるのが難点。しっかりとひじを伸ばし、できるだけ大きな面でボールをとらえることが正確なパスを生むポイントとなります。

また、ソフトバレーボールのボールは大きくて軟らかいため、腕の振りだけでボールを上げようとすると大きく弾んでしまうので要注意。フットワークを使い、できるだけ早くボールを正面でとらえられる位置に移動するとともに、腰でボールを上げる意識をもつことが大切です。

両手の組み方

両手の組み方に決まりはありません。一般的に使われるのは、イラストのような握り方ですが、自分に合った方法を見つけましょう。

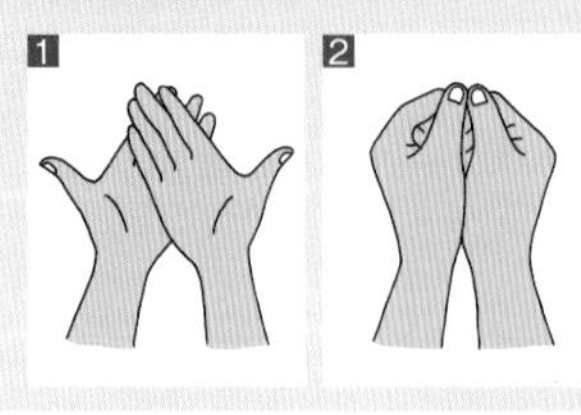

1 そろえた指をクロスするように重ねる

2 上になったほうの指を包み込むように握り、親指同士を合わせる

1 ボールをよく見てスタートを切る

2 ボールの軌道に合わせ、徐々に重心を下げていく

3 落下地点に入ったらヒザを曲げて腰を落とし、重心を下げる

スイングの応用 急激に落下するボールには「アンダーオープンハンドパス」で返球

体の前で急激に落ちるボールは、両手のひらでボールをすくい上げるようにします。これを「アンダーオープンハンドパス」といいます。ボールを持ってしまうとホールディングの反則を取られるので、両手で弾くようにボールを上げます。「パン!」と音を鳴らすように打つのがポイントです。

両手のひらをそろえ、ボールに向けて構える

手のひらでボールをキャッチしたら、すかさず「パン!」という音が出るように上に弾く

下半身の伸びを使って、ボールを追うように立ち上がる

セッターへ

NG

腕を大きく振ってしまうとボールが弾かれ、自コート外へ出やすくなる

4 前腕の面の広いところでボールをとらえる

5 腕の面をセッターに向け、下半身でボールを上げていく

パスの練習法

Practice Method

ソフトバレーボールでパスは基本中の基本。練習では、どれくらいの力でボールを飛ばせば
どこまで届くか、また、どの角度で上げればどの高さまでボールが届くかといった、
自分なりの目安を体に覚え込ませることが第一です

◆ボールに慣れる練習（1人）

オーバーパスでボールを真上に上げ続ける練習です。初心者にとってボールに慣れることが練習の第1歩。高低差のあるボールを使い分けられるようになるまで練習してください。1人でできる練習なので、パスの基本を指先と体が覚えるまで繰り返し行いましょう。連続で10回できるようになったら、次はアンダーハンドでもやってみましょう。

オーバーハンドで連続してトスを上げる

◆距離感を身につけるための練習（2人）

チームメートと2人で行います。最初は3mくらい離れた距離からスタートし、徐々に間隔を広げていきます。オーバーパスとアンダーパスを交互に行い、山なりにボールを高く飛ばすよう意識してください。相手の胸あたりをねらえるようにボールをコントロールしましょう。

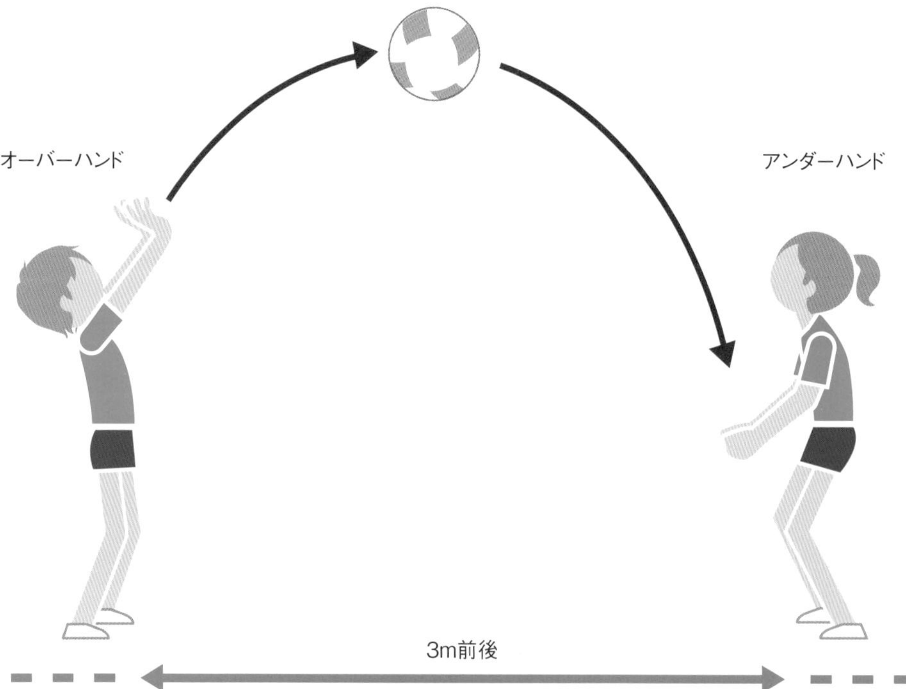

◆実戦を想定した練習（2人〜）

ネットをはさみ、対面した相手とパスのラリーを繰り返し行います。人数が多い場合は、1列に並んで順番に行うといいでしょう。ポイントは空間を意識しながらパスすること。試合を想定し、より実戦に近い環境で練習することが大切です。ネットの高さやコートの大きさを頭に入れておくことで「どれくらいの角度、どれくらいの強さでパスをすれば、どこにボールが落ちるか」など、空間を認識する能力がみがかれます。相手のサーブやスパイクに対するイン・アウトも判断できるようになります。

距離やボールの高さをいろいろ変えて、パスのラリーを続ける

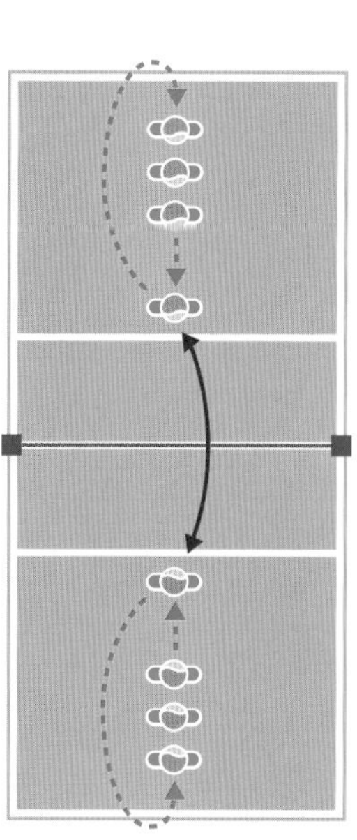

人数が多い場合は1列に並んで、順番にパスする

◆視野を鍛える練習（3人〜）

最低3人一組で行います。この練習では、ボールを出す人とボールを送る人、両方の人を同時に見る必要があるため、視野を広げる練習になります。受ける相手をできるだけ移動させないよう、正確なパスを心がけて練習しましょう。

2人（ボールを出す人と送る人）を同時に視野に入れてパスを繰り返す。逆回りも行う

4 レシーブの基本 —— 正確なレシーブが攻撃のカギを握る

相手のスパイクやサーブを“受ける”ことをレシーブといいます。ソフトバレーボールにおいて最も重要な技術のひとつで、レシーブしたボールを正確にセッターに送ることで攻撃の幅が広がるとともに、ラリーが続けば試合もより白熱したものになります。

オーバーハンドやアンダーハンドといった、ボールを受けるときのフォームはパスと変わりません。ソフトバレーボールはボールの落下スピードが遅いので、レシーブの場合もパス同様、コントロールしやすいオーバーハンドで送れるように構えておくのが基本となります。

Over hand
オーバーハンドレシーブ

2 両手の三角形の窓越しにボールを見る

Under hand
アンダーハンドレシーブ

1 オーバーにもアンダーにも対応できるよう、重心を下げて両手を肩の高さで構える

2 腰より下のボールにはすばやく腰を落とし、アンダーで対応

3
主に親指と人差し指、中指の3本でボールをとらえる
4
ひじとヒザの伸びを使ってボールを上げていく
NG
両手を「グー」で握るとボールをコントロールしにくくなる
3
前腕部の広い面でボールをキャッチ
4
両腕の面をセッターに向け、腰でボールを運ぶ

5 オーバーハンドレシーブ —— 指を広げ、体の中心から外へ向かって伸ばす

オーバーハンドレシーブのフォームは、基本的にオーバーハンドパスと変わりませんが、相手の速いスパイクやサーブ、またコースがズレて体の正面でボールをとらえるのが難しいケースなど、さまざまな状況に対応する技術を身につけておかなければなりません。

ここでポイントとなるのが、ボールをキャッチするときの手の形。指を広げたまま両手をそろえ、体の中心から外に向かって伸ばすのが基本です。スパイクが正面、あるいは左右にきたときは、両手でボールを包み込むようにボールをとらえ、顔よりも上、あるいは腰下に来たボールは、手のひらで弾くようにして返球します。指をクッションにしてボールの勢いを吸収し、ボールが強い場合は手のひらを使います。

Check!

10本の指すべてを使い、ボールを逃がさないようにコントロールすることが大切

正面のボール

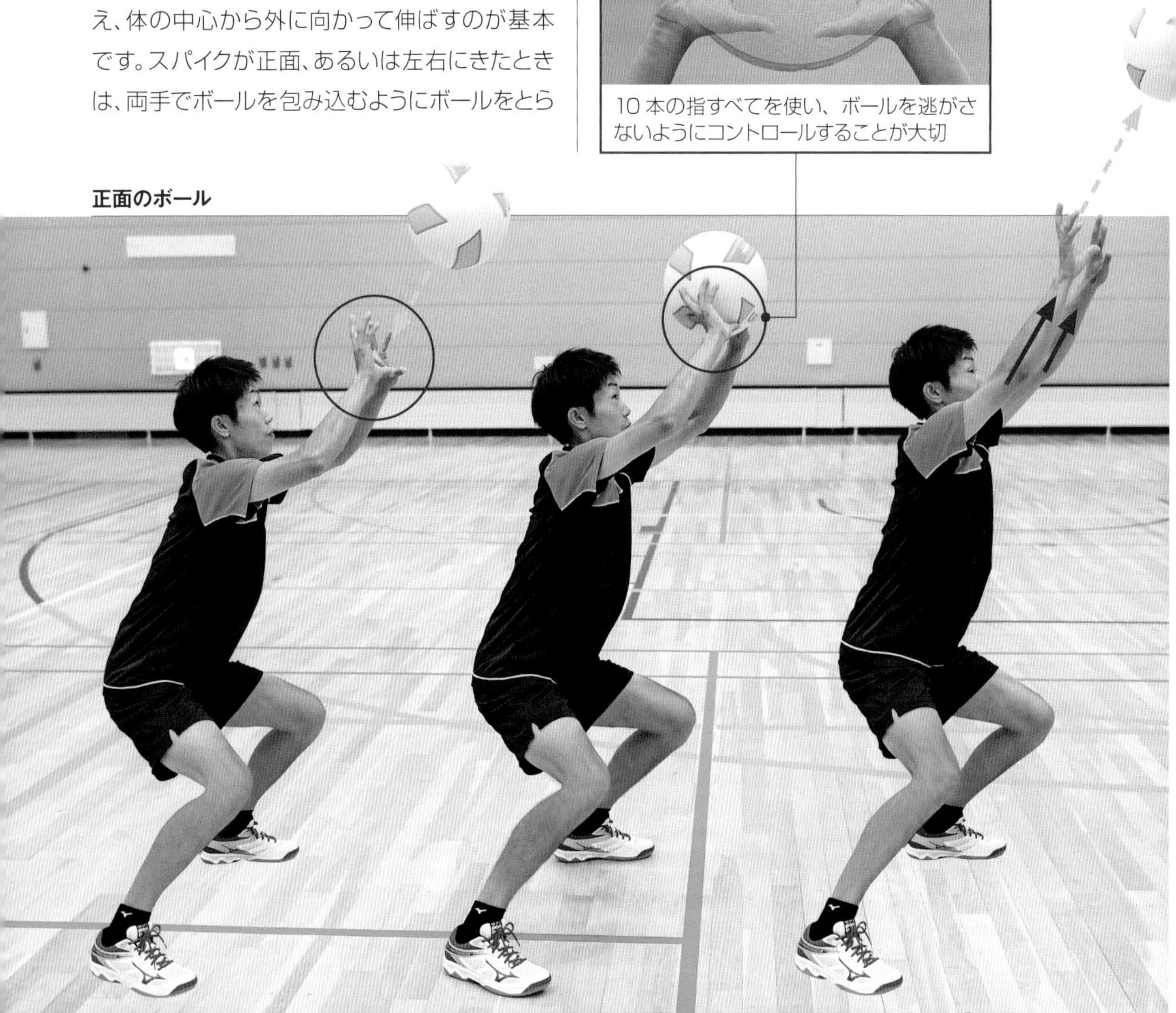

1 両手の指を広げて、あらかじめボールをキャッチする形を作っておく

2 額の斜め上でボールを包み込むようにとらえる

3 ボールを返す方向に手を向け、ひじを伸ばしてボールを送り出す

頭より高いボール
頭上で両手を開いて構え、手のひらでボールを弾くようにレシーブする

体の右サイドのボール
右手を下にして体の脇で両手をそろえ、ボールを包み込むようにレシーブする

ボールのコースによって手の形を変える

急激に落下する腰下のボール
指先を床に向けて両手を開いて構え、手のひらでボールを跳ね上げるようにレシーブする

体の左サイドのボール
左手を下にして体の脇で両手をそろえ、ボールを包み込むようにレシーブする

6 アンダーハンドレシーブ ―― 両ひじで作った面を意識することが大切る

ソフトバレーボールのコートは一般的なバレーボールの3分の2程度しかないため、レシーブもできるだけ正確性の高いオーバーハンドを使用するのが基本です。しかし、相手が自分の足元にスパイクを打ってきた場合や、低い位置でボールをさばきたいときなど、オーバーハンドで対応できないケースでは、このアンダーハンドレシーブで対応します。

アンダーハンドレシーブで重要なのは、両腕をそろえてひじを絞り、ボールをとらえる「面」を作ること。そして、その面をセッター方向に向けてボールを送ることで、攻撃につなげていきます。

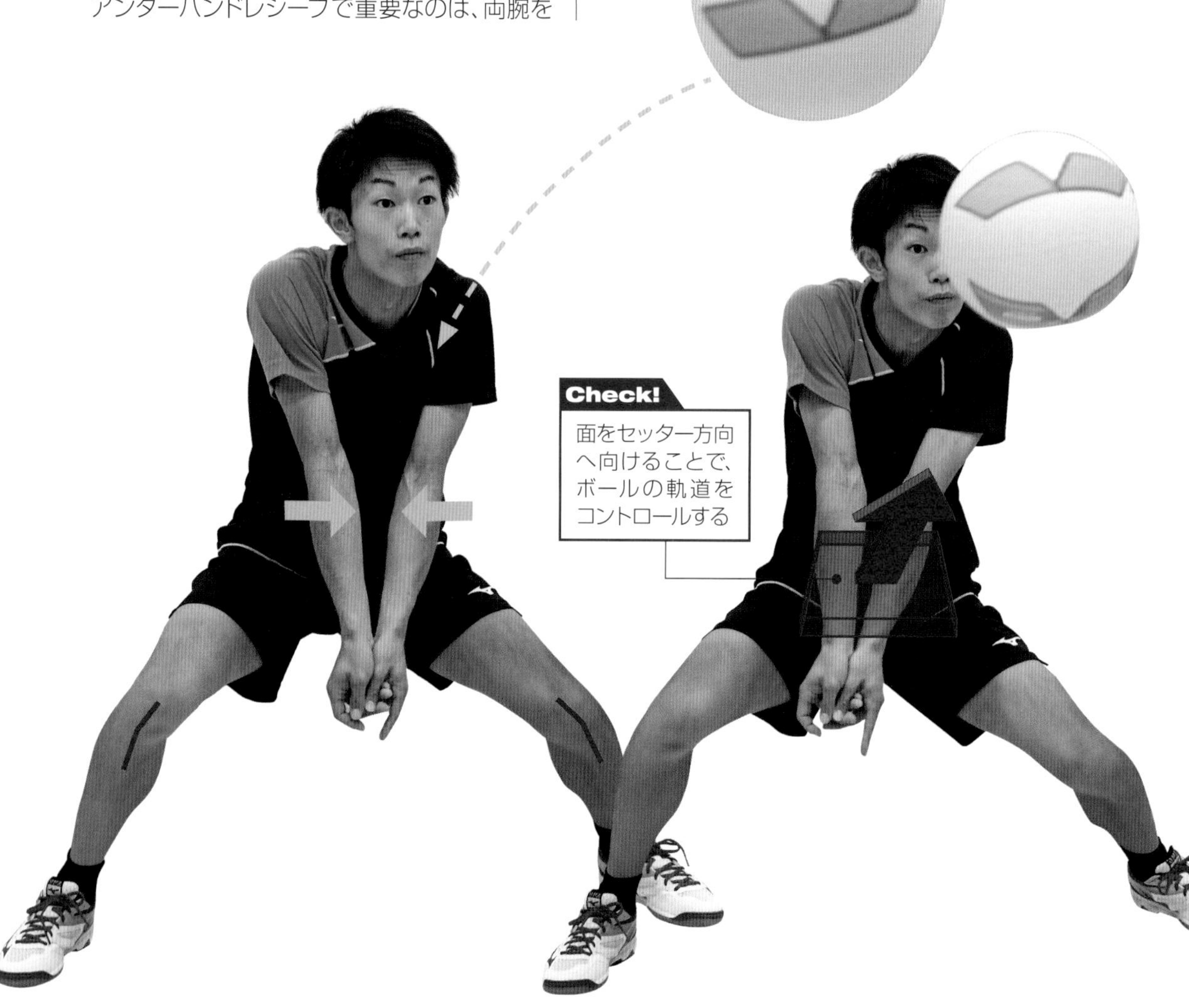

Check!
面をセッター方向へ向けることで、ボールの軌道をコントロールする

1 ひじを絞り、ヒザを曲げて重心を下げて構える

2 前腕をそろえて広い面を作る

3 下半身を安定させて、面でボールをキャッチ

4 面をセッター方向へ向けたまま、下半身を使ってボールを送る

7 ヒザ滑りレシーブ —— 相手のフェイントにはヒザ滑りレシーブで対応

相手がネット近くにフェイントを落としてきたときなど、通常のアンダーハンドレシーブでは間に合わないと判断したケースで使うのがヒザ滑りレシーブです。ボールの落下地点へダッシュしながらヒザから滑り込んでボールの落下地点に入り、相手ボールをレシーブします。コートが狭く、人数が少ないソフトバレーボールならではのレシーブ法です。

スライディングレシーブ（P30参照）のように上体から飛び込むわけではないので恐怖心もそれほどなく、また完全に倒れ込まないので、すぐに次の動作に移れるのもヒザ滑りレシーブの利点。初心者や女性に向くレシーブといえます。

Check!
滑り込む手前で両手を組んでいく

1 ボールの落下地点を確認しながらスタート

2 目線を下げ、徐々に重心の位置を低くしていく

3 床に片ヒザをつき、助走を利用して落下地点に滑る

Point of Technique | ココがポイント　レシーブしたらすぐに立ち上がる

ボールを上げたら片方のひざを立てて足裏を床に着け、スピードに乗って一気に立ち上がって、次のボールに対応する構えをとりましょう。スタートの動作が最も重要で、相手がフェイントをしてくると判断したら思い切って前に飛び出すのが成功の秘訣です。

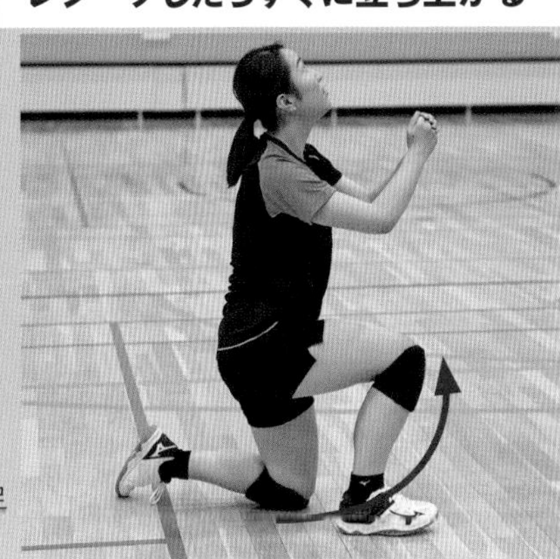

滑らせたほうではない足ですばやく立ち上がる

Check!

ヒザからすねの部分を床に滑らせる。遠いボールには両ヒザをついて滑ってもいい

4 コートの中央に返すように ボールをすくい上げる

5 両ヒザで体を支えて上体を起こし、目でボールを追う

8 スライディングレシーブ ――「絶対に拾う! 」というチャレンジ精神が上達の秘訣

落下地点まで距離があり、ヒザ滑りレシーブでは間に合わないギリギリのボールには、腕を伸ばして体全体で滑り込むスライディングレシーブで対応します。

初心者にはやや難しいレシーブ技術ですが、ソフトバレーボールのボールは軽く、スピードも遅いので、重心を下げて低い位置から滑り込めば意外にボールは上がるもの。ボールから目を離さず「絶対にボールを落とさない! 」という意識でチャレンジしましょう。

Check!
スタートの第1歩は速く、大きく踏み出す

Check!
床を強く蹴って滑り込む

1 相手ボールの軌道を見極めてスタートを切る
2 低い姿勢でボールの落下地点へ直線的に前進
3 前進しながら腕をいっぱいに伸ばしてボールをとらえる

Point of Technique | ココがポイント 「飛び込む」のではなく「滑る」イメージをもとう

初心者は、野球のスライディングのように頭から飛び込もうとすると、どうしても恐怖心がわいてしまいます。そこで、まず「飛び込む」という意識は捨て、低い位置から「体全体で床面を滑る」イメージでトライしましょう。また、最初のうちはボールを使わずに目標地点を決めて、そこに向かって低い位置から滑り込む練習からはじめるといいでしょう。

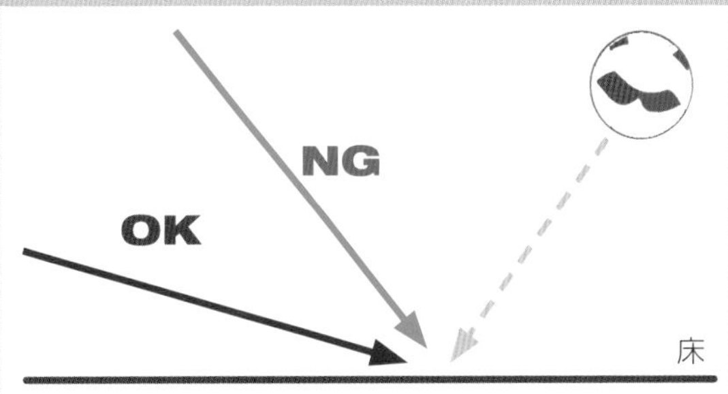

高い位置から「飛び込む」のではなく、体が床面と平行になるよう、鋭角に滑る

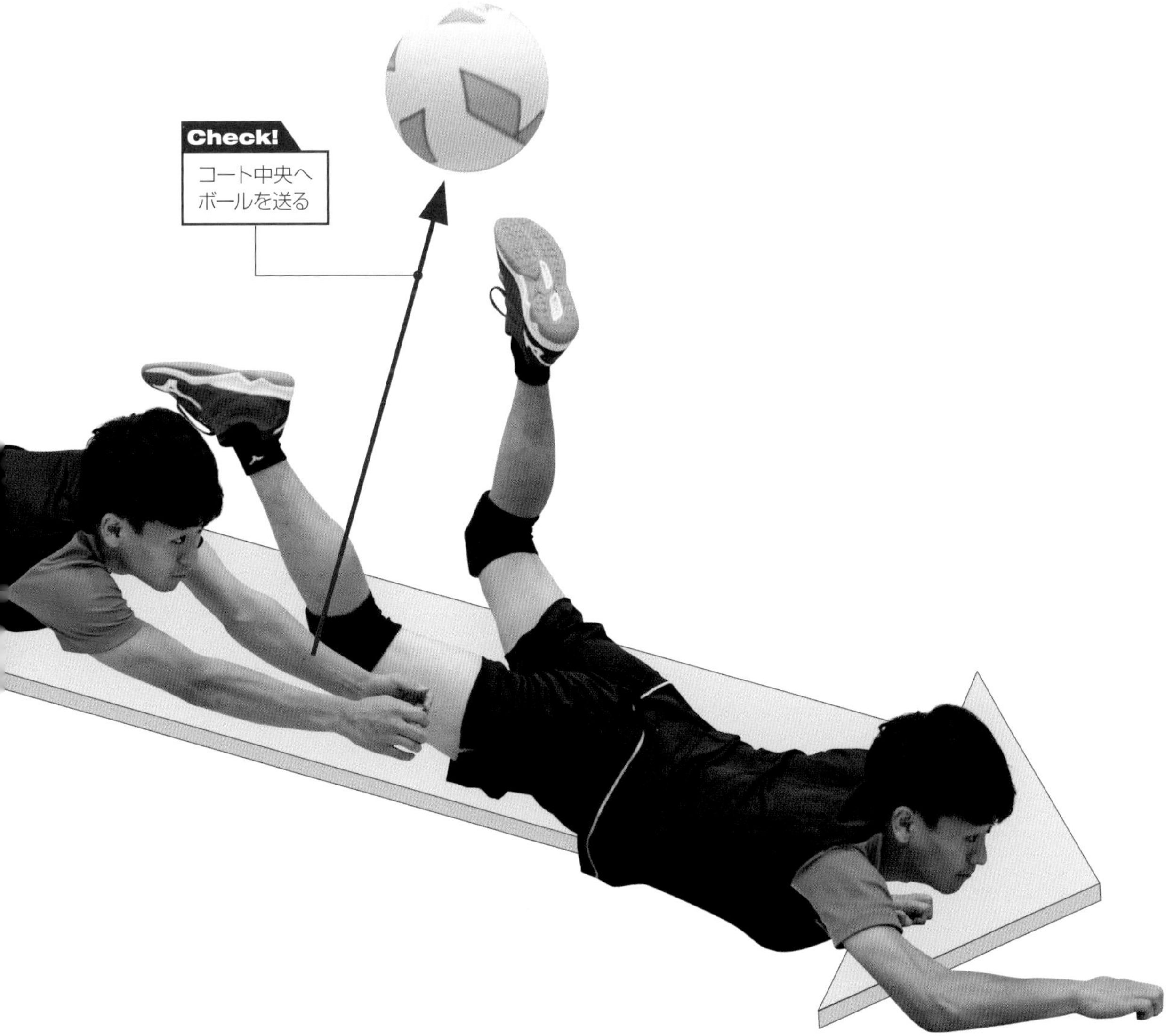

Check!
コート中央へボールを送る

4 ボールを上げたら、前方の足で床を蹴って、体が床と平行になるように滑り込む

5 腕、胸、腹の順で床上を滑ったら、すばやく立ち上がる

レシーブの練習法
Practice Method

初心者のレシーブ練習では、ボールを受ける感覚とボールの弾み方を体で覚えるのが第1歩。
実戦を想定してさまざまな方向から強弱をつけたボールを打ってもらい、
常に同じ地点にボールを上げられるようになるまで、しっかり練習しましょう

◆コート半面を使った練習（3人～）

コートの半面を使ったシートレシーブです。最低人数はアタッカー役1人と、レシーバー2人の計3人。図のような配置で並び、まず、コーチ役のアタッカーがスパイクしたボール（①）を、一方のレシバーがスパイクレシーブをしてもう1人のレシーバーに返し（②）、受けたレシーバーはそのボールをアタッカーへトス（③）。そして、再びアタックレシーブしたボール（④）を片方のレシーバーに返して（⑤）、アタッカーにトス（⑥）。これを繰り返します。

練習の効果を高めるため、アタッカーはさまざまな種類のスパイクを打ってレシーバーを揺さぶりましょう。強打やフェイントを織りまぜることで、レシーバーは瞬時の対応力が身につきます。集中力を高め、声を出してできるだけ長くラリーを続けるのがポイントです。

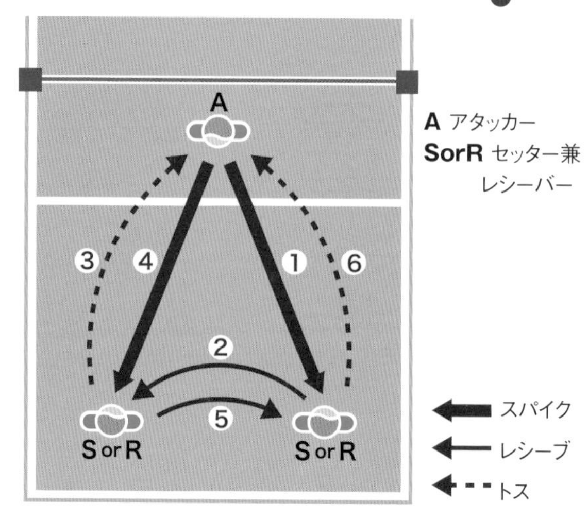

◆コート全面を使った練習（5人～）

シートレシーブは、5人いればより実践的な練習ができます。ネットをはさんで2人（アタッカーとセッター）対3人（レシーバーとセッターとパス係）に分かれます。アタッカーがネットの反対側から強打やフェイントを織り交ぜながらレシーバーへボールを打ち込みます（①）。レシーバーはレシーブしたボールをセッターへ送ります（②）。セッターはパス係にトスを上げ（③）、パス係はネット越しの選手にオーバーパスを送ります（④）。2人組のセッターはアタッカーにいろんな種類のトスを上げ（⑤）、アタッカーは相手チームへ打ち込みます。同じ動きを繰り返します。

この練習方法の目的は、正確なレシーブ力を身につけることと、さまざまなアタックに対応するレシーブ力を養うことにあります。

7人の場合は、3対4でシートレシーブ。守備側に重点を置き、練習しましょう。セッターの数やアタッカーの数など配置や方法を変えれば、いろいろな練習ができます。

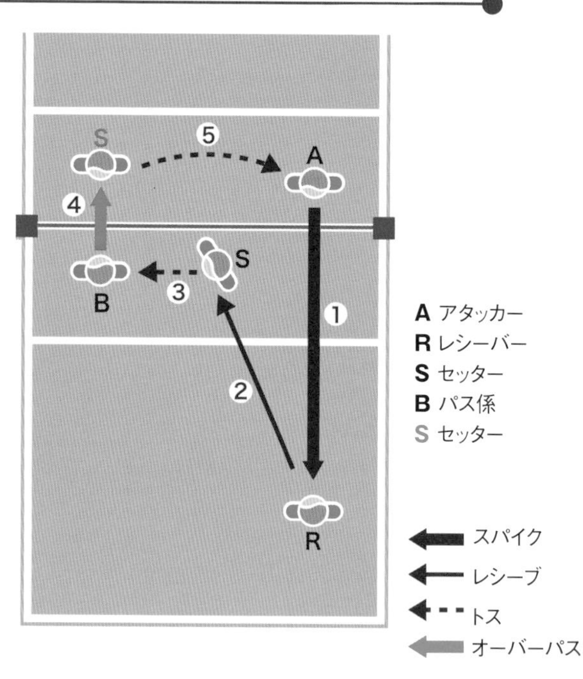

Lesson 2

トス

Toss

トスの基本
オープントス
A クイックトス
B クイックトス
バックトス
ジャンプトス
シングルハンドトス
トスの練習法

1 トスの基本 ── トスの技術が攻撃の幅を広げる

トスとはアタッカーに打たせるためにボールを上げることをいい、主にセッターがその役割を担います。基本的なフォームはオーバーハンドパスと同じです。相手の守備位置を把握したうえで、アタッカーが打ちやすいボールを上げることがセッターの重要な役割。したがって、セッターには正確な技術とともに冷静な判断力が求められます。

トスはスパイクを打つ位置や高さによって、さまざまな種類に分けられ、セッターは常に一定のフォームでこれらのトスを上げられるようになる必要があります。最終的にセッターがジャンプトス（P44参照）を上げられるようになれば、アタッカーはより高い打点でスパイクを打つことが可能になり、攻撃力はグンとアップします。

状況や目的によってトスを使い分けるのがセッターの役割

トスにはボールを上げる位置や方向、スピードによって図のように分けられます。

試合中、相手ブロッカーの位置をしっかりと確認したうえでこれらを使い分け、いかに自チームの有効な攻撃につなげていくかがセッターの重要な役割となります。

●オープントス

主にサイド攻撃に使われる、レフトまたはライト方向への球足の長いトス。フォームはオーバーハンドパスとほぼ変わらない。両サイドともアンテナをねらって上げるのが基本となる

●クイックトス

セッターの近くにいるアターカーに上げる速くて直線的なトス。アタッカーまでの距離によってA、B、Cの3通りがある

●バックトス

相手ブロッカーをかわす目的で、セッターの背後にいるアタッカーに向けて上げるトス

●ジャンプトス

セッターがジャンプしながら空中で上げるトス。クイック攻撃で用いられることが多く、アタッカーとのコンビネーションが必要となる

ネットの中心より右側がセッターの基本ポジション

セッターの基本ポジションは、コートのセンターよりもややライト側が定位置です。レフト側を向いて味方からのパスを待ち、トスアップの準備を行います。

よりバリエーションのある攻撃を仕掛けていくには、センターよりもレフト寄りに立ってトスを上げられるとブロッカーを惑わせるひとつの手段になります。

ネットの中央より右側で構え、レシーブの返球を待つのがセッターの基本ポジション。ボールが返ったらアタッカー方向に体の向きを変え、トスを上げていく

セッターは「3つの窓から」目線で動きを確認する

相手ブロッカーを揺さぶるうえで、セッターの目線は生命線です。上体や顔をアタッカーや相手ブロッカーに向けてしまうと、相手に攻撃を読まれてしまうので要注意です。首はできるだけ固定し「腕の3つの窓」から目線だけでスパイカーやブロッカーの動きを観察する習慣を身につけることが大切です。

ボールの動きは親指と人差し指の間（❶）の窓から、味方スパイカーの動きは両腕の間（❷）、そして、ブロッカーの動きは両腕の間（❷）と右腕の外側（❸）から目線で確認する

2 オープントス —— アタッカー方向へ体を向けてボールを送り出す

両サイドのアタッカーへ向けて、球足の長いボールを上げるのがオープントス。試合では最も多用されるトスで、両サイドのアンテナを目印にして、ネット際へ高いボールを上げるのが基本となります。

ボールをヒットするときの手の形や、ひじ、手首の使い方といったフォームはオーバーハンドパスと同じ。ただし、向かって来たボールを同じ方向に返すだけでは、トスは成り立ちません。レシーバーから上がって来たボールを、アタッカー方向に向けて軌道を変えなければならないのです。このとき大切なのは、トスを上げる方向に対して体を正対させること。すばやくボールの下に入り、トスする方向に体を向けることが正確なトスにつながります。ヒザの屈伸を使うと、より遠くまでボールを飛ばすことができます。

4 ひじを伸ばし、下半身の伸びも使ってボールを送り出す

3 ひじを曲げ、額の斜め前方でしっかりとボールをとらえる

Point of Technique | ココがポイント

ネット側を軸にしてトスする

トスを上げるときは、体のネット側を軸にすると、トスを上げる方向へスムーズに体を向けることができます。ライトへのトスであれば、左目、左腰、左足といった体の左側面を1本の軸にして体を回転させるようにします。重心が前後左右に傾くとトスの軌道が安定しないので要注意。

ネット寄りの側面を軸にする

軸がブレるとトスの軌道が不安定になる

Check!
ボールから目を離さない

2 落下点に入ったら体を止めて重心を下げ、ボールを呼び込む

1 パスの軌道を確認してボールの落下点へ移動

3 Aクイックトス —— ボールを「空中に置く」イメージをもとう

相手ブロッカーの準備が整う前に、すばやく攻撃することをクイック攻撃といいます。最もオーソドックスなのが、セッターのすぐそばでスパイクを打つAクイックで、このとき用いるトスがAクイックトスです。

Aクイックトスはアタッカーまでの距離が短いので、トスを「上げる」というよりもアタッカーの前に「ボールを置く」意識をもつこと。ボールを高い位置でとらえ、引きつけずに、瞬間的に指先で弾くイメージでトスを上げることが大切です。

4 ジャンプしたアタッカーの前にボールを置くイメージで

3 瞬時に速いボールを上げる

Point of Technique ｜ココがポイント トスの高さでアタッカーとのタイミングを調整する

Aクイックのトスは自分の真上に上げるのが基本。そうすることでアタッカーがより高い打点で、しっかりとスパイクを打つことができるようになります。また、慣れてきたらジャンプを加えてトスすると、より速いトスを上げることが可能になります。

アタッカーとタイミングを合わせてジャンプしてトス

ボールの上がり際を叩ければベスト

Check!
ボールを呼び込まずに高い位置でとらえる

Check!
ひじを深く曲げない

1 すばやくボールの落下地点に入る

2 真上にボールを上げるイメージでトスアップ

4 Bクイックトス —— 白帯と平行になるよう直線的なボールを上げる

セッターから2～3m前後離れた位置で打つクイックがBクイックです。Aクイックに比べて打点までの距離が長いので、攻撃を成功させるにはセッターとアタッカーのタイミングをいかに合わせるかがポイントとなります。

Bクイックトスでは、ジャンプするアタッカーの打点に向けて、白帯と平行するように直線的な軌道でボールを上げる必要があります。ただし、あくまでもクイックトスですからボールを呼び込むのではなく、指の力を使って「ボールを弾く」イメージでトスすること。ボールを上げる力が弱いとトスが低くなくなったり、短くなって、スパイクの打点が下がってしまうので注意が必要です。

ひじやヒザを曲げてボールを深く呼び込んではダメ

5 バックトス —— Cクイック攻撃には不可欠なテクニック

ボールを後方（背中側）へ上げるトスがバックトス。この技術を身につけておくとCクイック（バックトスからの速攻）や、アタッカーがライト側に走り込むブロード攻撃など、さまざまな攻撃が可能になります。

相手ブロッカーの予測を外し、反応を遅らせるのがバックトスのねらいとなるため、トスを上げるまでバックトスと見抜かれないようにすることが大切。ボールを離す瞬間までオーバーハンドトスと同じフォームをとることが成功の秘訣です。

Check!

この時点まで相手にトスのコースを読ませないこと

1 ボールの落下地点へ入ったら、ネット側の足を軸にして構える

2 重心を下げ、ひじを曲げてボールを呼び込む

バックと読まれた場合は、瞬時にフォアへ切り替える

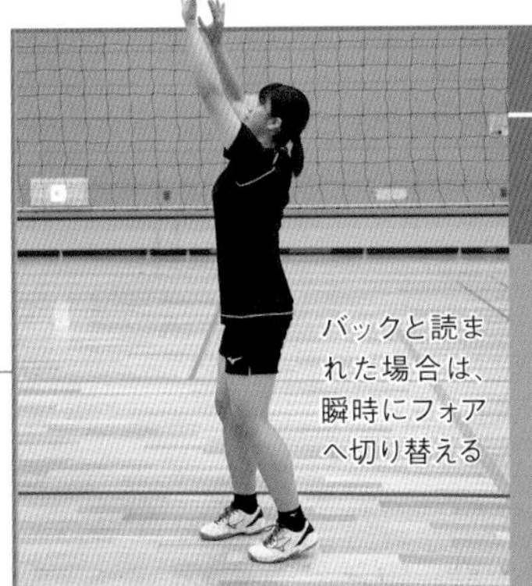

スイングの応用

相手ブロッカーの動きを読んでコースを変える

バックトスは相手の裏をかくトスですが、味方アタッカーの動きでバックと悟られた場合は、瞬時にフォア側へトスのコースを変えて攻撃を立て直します。この臨機応変な対応を可能にするためには、ボールを離す瞬間までトスのコースを読ませないフォームを身につけておく必要があります。

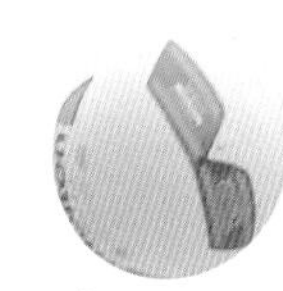

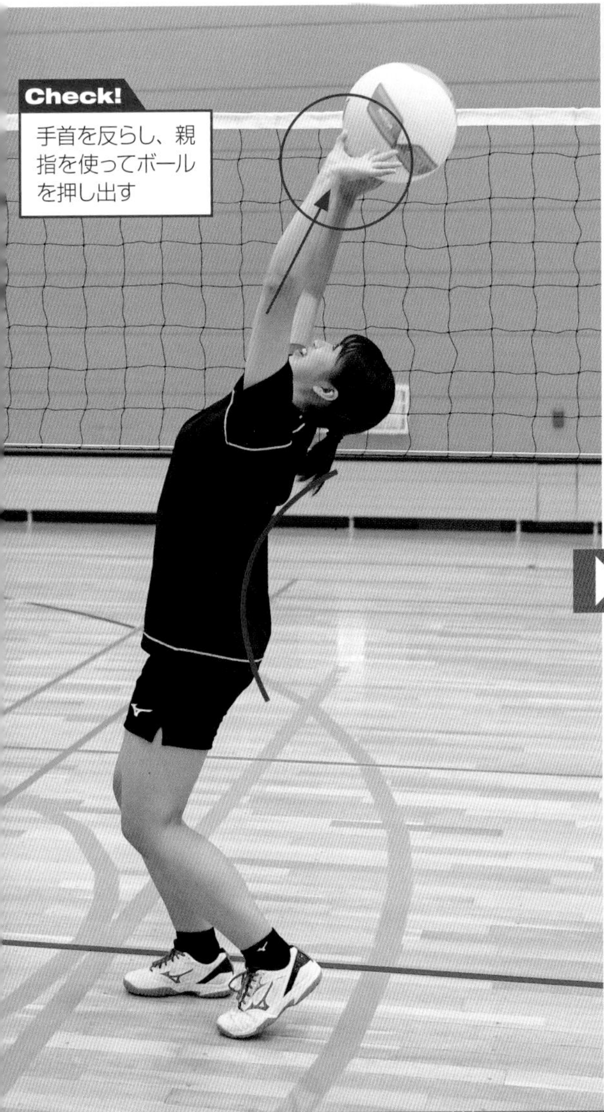
Check!
手首を反らし、親指を使ってボールを押し出す

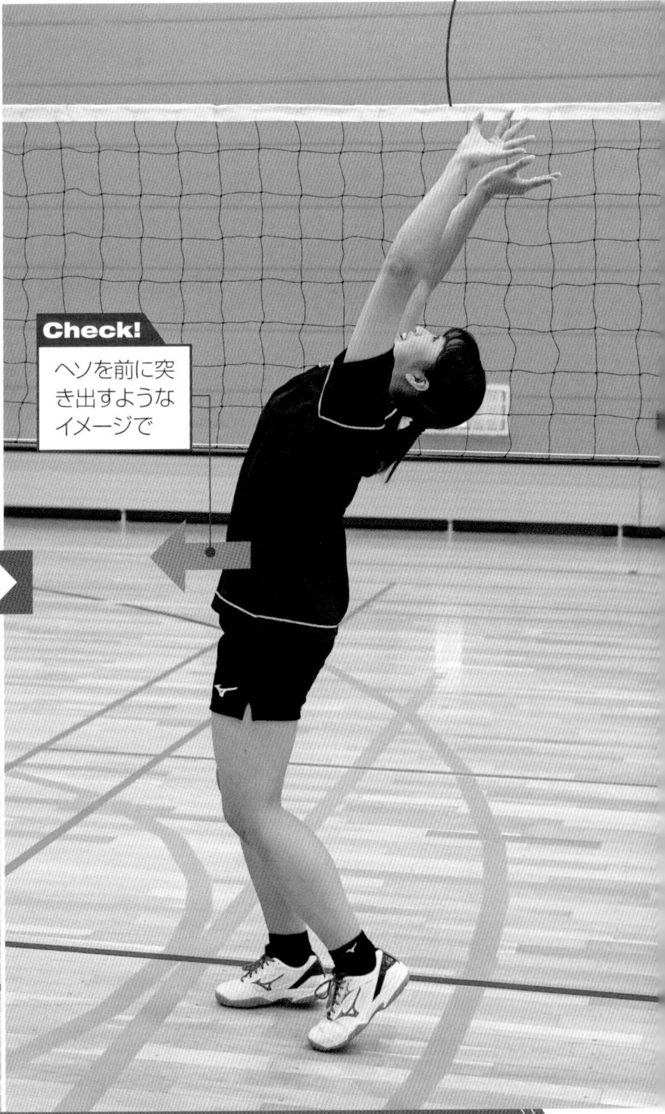
Check!
ヘソを前に突き出すようなイメージで

3 ひじを伸ばし、下半身のバネを使ってボールを後方に送り出す

4 ボールを追うように両腕をしっかりと伸ばす

6 ジャンプトス —— できるだけ高い位置でボールをキャッチする

ボールを迎えるようにジャンプし、空中でトスするのがジャンプトスです。前述したクイック攻撃で多用されるトスで、ジャンプのタイミングとトスのタイミングを変化させることで、相手ブロッカーのタイミングをズラすことが可能になります。

また、ジャンプトスはセッターがボールを離す位置とアタッカーの打点が近くなるため、クイックのタイミングが合わせやすくなるのもメリットのひとつです。

腕の使い方は基本的にオーバーハンドパスと同じ。できるだけ高い位置でボールをとらえ、ひ

4 手首のスナップと、ひじを伸ばす力でボールを弾くように上げる

3 できるだけ高い位置でボールに触れる

じの屈伸を使ってボールを飛ばしていきます。空中姿勢が安定すれば、ツー攻撃など攻撃のバリエーションが増やせます。

Point of Technique｜ココがポイント

空中姿勢の安定がカギ

ジャンプトスでは、ジャンプ直前の下半身の安定度がカギになります。ボールの落下点に入ったら、しっかりと腰を落とし、上体を安定させて真上に跳ぶことが大切です。

空中姿勢が乱れると、タッチネットなどのミスになりやすい

Check!
ボールから目を離さず、両手の間から落下点を確認する

Check!
ヒザの屈伸を使って跳び上がる

1 両ヒザをしっかり曲げてジャンプの体勢に入る

2 両手を広げ、ボールに飛びつくようにジャンプ

7 シングルハンドトス ―― レシーブが乱れた場合に役立つ片手でのトス

サーブレシーブが乱れてネットすれすれに上がり、両手でトスを上げるのが難しいケースで使われるのが、片手でトスを上げるシングルハンドトスです。一般的なバレーボールで使用するボールは重くて硬く、片手ではなかなか扱えませんが、ソフトバレーボールのボールは軽いので、5本の指だけでも十分に安定したトスが上げられます。それほど難易度の高い技術ではなく、力が弱い女性でも少し練習すれば簡単にできるようになります。

シングルハンドでバックトスを上げられるようになれば、相手ブロッカーの意表を突く攻撃が可能になります。

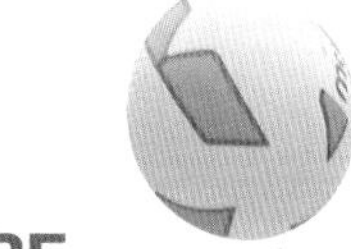

FORE
レフト側へ

1 ボールの落下地点に入り、右腕（ネット寄りの腕）を伸ばす

2 ひじと手首をクッションにして、5本の指でボールをとらえる

3 ひじと手首を伸ばす力を使って、ボールを押し出す

ココがポイント

バスケットボールのシュートをイメージしよう

片手でのトスでは、5本の指すべてを使ってボールをコントロールしながら、ひじの屈伸を利用してボールを押し出すようにするのがコツ。イメージとしては、バスケットボールのシュートフォームです。ジャンプすればより距離も出せるようになります。

1 ボールの落下地点に入り、右腕（ネット寄りの腕）を伸ばす

2 高い位置でボールに触れる

3 上体を反らしてボールを後方へ送り出す

トスの練習法

Practice Method

トスはあくまでもアタッカーにいいスパイクを打たせるのが目的ですから、
トス練習はセッターとアタッカーのコンビネーションに重点を置いて行う必要があります。
どんな状況でも、常に同じ位置に同じ高さでボールが運べるようしっかりと練習しておきましょう

◆バックトスの練習

３人一組になり、ネット際に一直線に並んで行います。レフト側から上げられたボール（①）を、中央のセッターがライト側へバックトス（②）、その後セッターはすばやく体を180度反転させ、ライト側からのパス（③）をレフト側にバックトスします。これを繰り返します。

ポイントは、フットワークを生かしてすばやくボールの下に入ること。額の真上でボールをキャッチしたら、真後ろにパスしましょう。アタッカーとの距離をいろいろ変えながら練習しましょう。

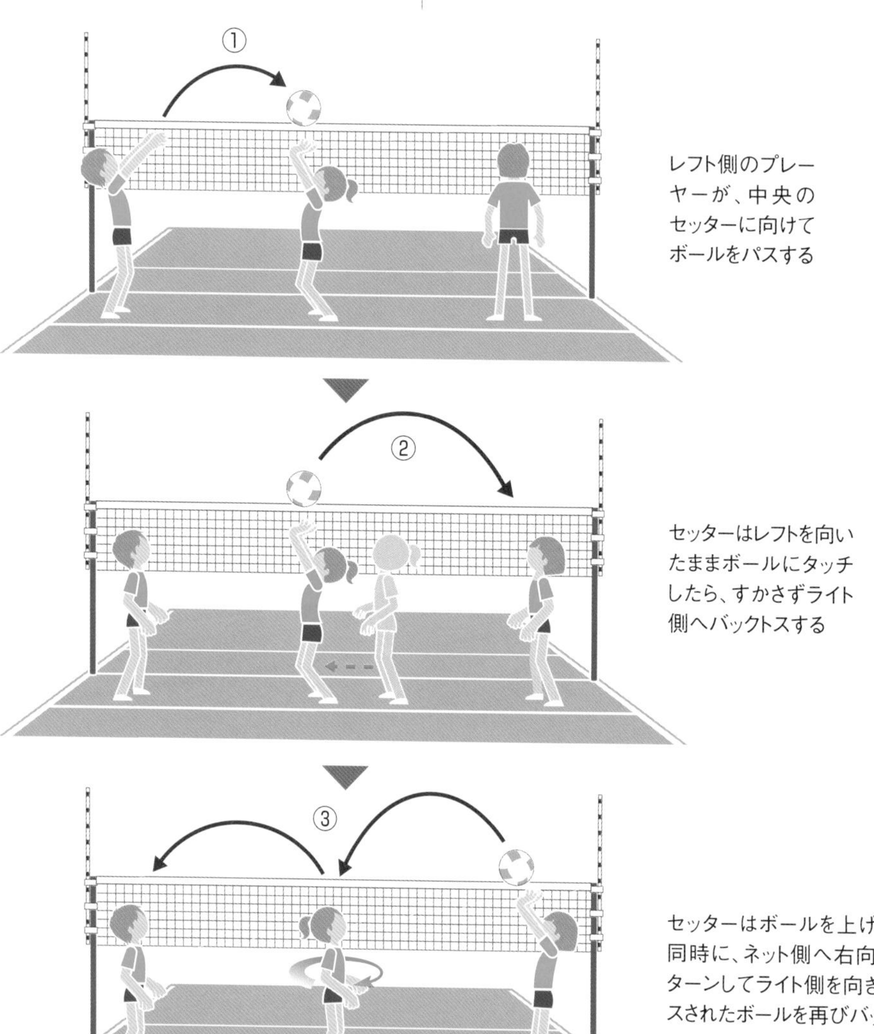

レフト側のプレーヤーが、中央のセッターに向けてボールをパスする

セッターはレフトを向いたままボールにタッチしたら、すかさずライト側へバックトスする

セッターはボールを上げると同時に、ネット側へ右向きでターンしてライト側を向き、パスされたボールを再びバックトスでレフト側に返す

◆サイドトスの練習

2人一組でネットを背にして並び、横向きにオーバーハンドでトスを行う練習をしましょう。サーブレシーブが乱れ、ボールがネットを越えそうになったときなどに、タッチネットをしないよう、ネットを背にして行うトス練習です。

最初はジャンプせずに行い、慣れてきたらジャンプを加えてやってみましょう。

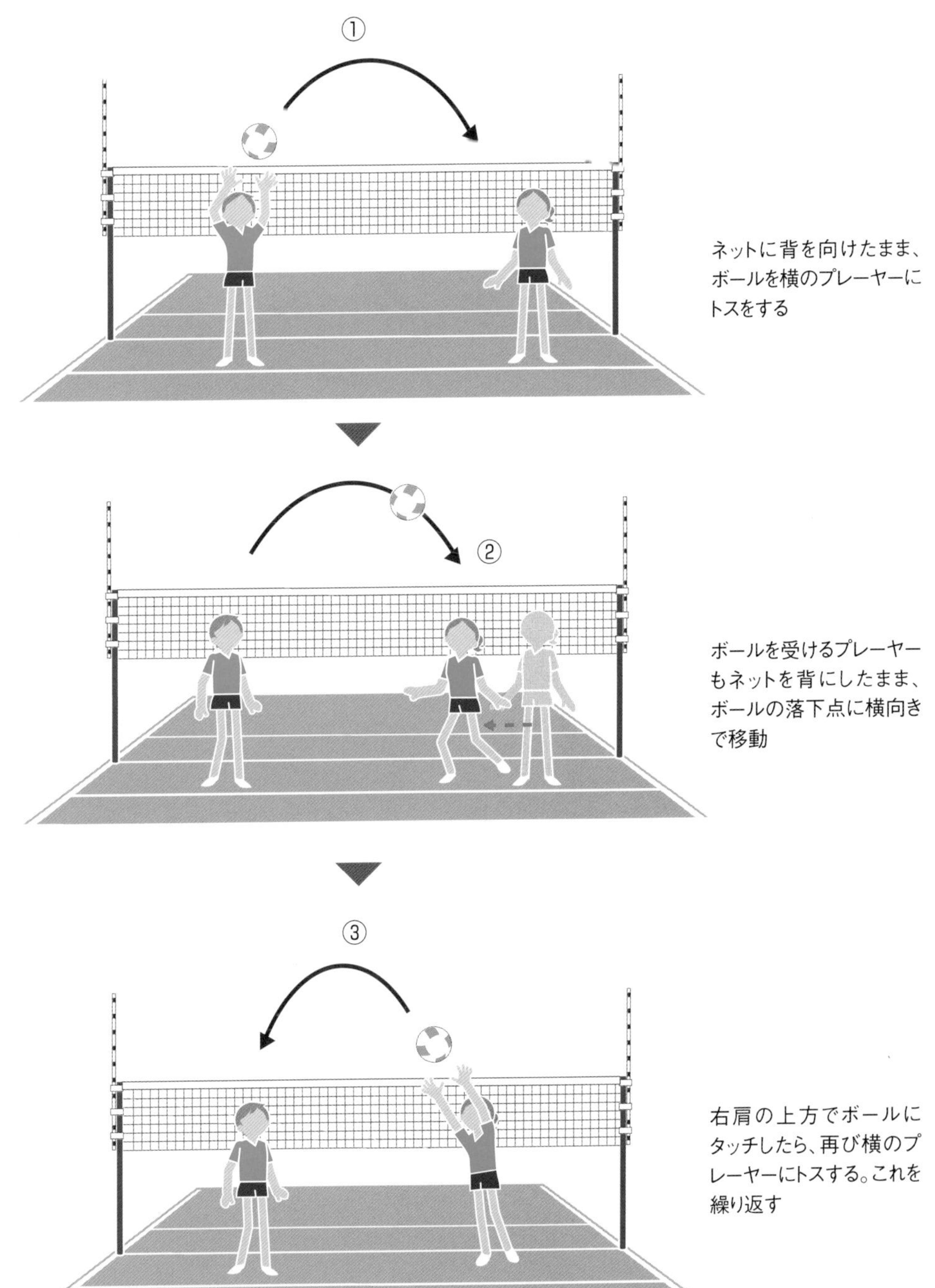

ネットに背を向けたまま、ボールを横のプレーヤーにトスをする

ボールを受けるプレーヤーもネットを背にしたまま、ボールの落下点に横向きで移動

右肩の上方でボールにタッチしたら、再び横のプレーヤーにトスする。これを繰り返す

トスの練習法

Practice Method

◆クイックトスの練習

アタッカーが台の上に乗り、右利きの人なら左手を高く上げて、テイクバックの姿勢で構えます（①）。

セッターは、アタッカーが上げた左手を目がけてトスを上げます（②）。トスの軌道が低くならないように注意し、ひじを伸ばす力を利用してしっかりとボールを飛ばしましょう。アタッカーはタイミングを合わせてスパイクを打ち込みます（③）。コンビネーションが合うまで何度も繰り返し練習しましょう。

ジャンプしたときの高さになるような台に乗り、左手を上げてアタックの構えをとる

セッターはアタッカーの上げた左手を目印に、やや直線的にトスを上げる

アタッカーは、コンパクトなスイングで瞬時にスパイクを打ち込む

Lesson 3

スパイク

Spike

スパイクの基本
クロススパイク
ストレートスパイク
インナースパイク
クイック
バランススマッシュ
ソフトアタック
フェイント
プッシュ
ブロックアウト
リバウンド
ツーアタック&フェイント
スパイクの練習法

1 スパイクの基本 —— 初心者はまずオープンスパイクを身につけよう

スパイクは得点を取るための攻撃で、基本は相手コートに強いボールを打ち込むプレーです。スパイクといってもさまざまな種類があり、選手の特徴やスキル、相手の状況などによって自在に使い分けます。

ソフトバレーボールはネットの高さが2mと低いので、初心者でも比較的簡単にスパイクを打てるのが醍醐味のひとつです。

山なりのトスを打つオープンスパイクは最もオーソドックスなスパイク。手のひら全体でボールの斜め上をミートし、手首のスナップを使ってボールを真下にたたきつける打ち方です。初心者はまずこのオープンスパイクをしっかりとマスターすることからはじめましょう。

1 トスの軌道を確認して1歩目を踏み出す

2 重心を下げながら2歩目を踏み込む

3 3歩目をかかとを前に出すように踏み込み、同時に両腕を上げていく

Point of Technique ｜ココがポイント　助走のタイミングに注意！

ソフトバレーボールはコートが狭いので、短い助走でスパイクが打てるのが特徴です。ただし、あまり早く助走に入りすぎると、ジャンプのタイミングも早くなってボールの下をたたいてしまったり、打点が後方にズレて体重を乗せたスパイクを打つことができなくなるので注意が必要です。

タイミングが速すぎると、打点が後方になりやすい

4 両足で高くジャンプし、両腕を引き上げる

5 上体を捻り、右ひじをしっかりと引く

6 体重を乗せ、手のひら全体でボールをヒット

7 右腕を大きく振り抜いて着地する

2 コースの打ち分け①クロス ── 初心者でも打ちやすいのがクロススパイク

レフトあるいはライトから、ネットをはさんで相手コートの対角線上に打つスパイクをクロススパイクといいます。振り抜く腕の角度によって、コースを打ち分けるのがポイントです。右利きの選手にとって、右肩の斜め前でボールをヒットするレフトからクロススパイクは比較的打ちやすいスパイクといえます。

初心者は、まず体の向きと同じ方向に強打するのが第一歩ですが、慣れてきたら相手に打つコースを悟られないよう、体をストレート（ネットと正対するように）に向けてクロスへ打つ技術も身につけておきましょう。

5 体と同じ方向に大きく振り抜く

4 右肩より前方でボールをヒットする

5 体の向きとは逆のクロス方向に腕を振り抜く

4 打球直前に手首を外側に向けてヒット

Point of Technique | ココがポイント

ボールの左上を打つ

クロススパイクでは、手のひら全体でボールの左上を打つのが基本となります。

3 体をクロス方向へ向けてスイング

2 ジャンプと同時に上体を捻転させて右ひじを引く

1 左から回り込み、ネットに45°の角度で踏み込む

3 体をネットに向けたままスイング開始

2 ネットと正対するようにジャンプ

1 直線的に走り込み、ネットにほぼ直角に踏み込む

3 コースの打ち分け②ストレート ―― ブロックアウトもねらえるストレートスパイク

コートを対角線上に打つクロススパイクに対して、サイドラインに沿うように真っすぐ打つのがストレートスパイクです。助走から踏み切りまでのフォームはクロススパイクとほぼ同じですが、空中で体をネット方向へひねる動作が加わるため、クロススパイクに比べ、初心者にはやや難しい打ち方になります。

ストレートスパイクは、相手ブロッカーがクロス側にきたときに有効で、相手ブロッカーの手にボールを当て、コート外に出すブロックアウト（P70参照）もねらいやすくなります。また、前ページとは逆に、体をクロス方向に向けてストレートに打つ「コース打ち」と呼ばれる打ち方もあります。

5 サイドラインに沿って ストレートに振り向く

4 右肩より前方で ボールをヒット

3 体とクロスするように 内側に腕を振り抜く

4 打球直前に上体を捻り、ボールの右側をヒット

Point of Technique | ココがポイント

ボールの右上を打つ

ストレート側にスパイクするときは、クロスとは逆にボールの右上をヒットします。

3 左腕を下ろす反動を利用して右腕を振り下ろす

2 右腕を引きながら体をネット方向に向けてジャンプ

1 やや直線的に走り込み、ネットに直角に踏み込む

Check!
この段階でも体はクロス方向へ向けたまま

3 クロス方向に右腕を振り出す

2 クロス方向を向いてジャンプ

1 左から回り込み、ネットに45°の角度で踏み込む

4 コースの打ち分け③インナー ―― 難易度は高いが大きな戦力となるスパイク

レフト側からのスパイク時に相手ブロックが2枚ついてきた場合など、角度をつけて鋭角に右側のブロッカーのさらに内側をねらってスパイクを打ちます。これをインナースパイクと呼び、軌道はネットとほぼ平行になります。

ポイントは腕を外側に向けてしっかり振り抜くこと。肩甲骨やひじ、手首の柔軟性が求められるスパイクです。ネット近くで打つことが多いスパイクなので、ブロックに止められる可能性も高くなりますが、マスターすれば大きな武器となります。ジャンプ力など身体能力も求められるので、男性向きのスパイクといえるでしょう。

4 腕は最後までインナー方向へ向けておく

3 ネットと平行になるようにクロスより外側に振り抜く

Point of Technique | ココがポイント　ボールの左側をヒットする

インナースパイクを打つときは、ボールの左側をヒットします。手の甲が内側を向くように手首のスナップをきかせることが重要で、腕を大きく外側に振り抜くことでより鋭角なスパイクになります。

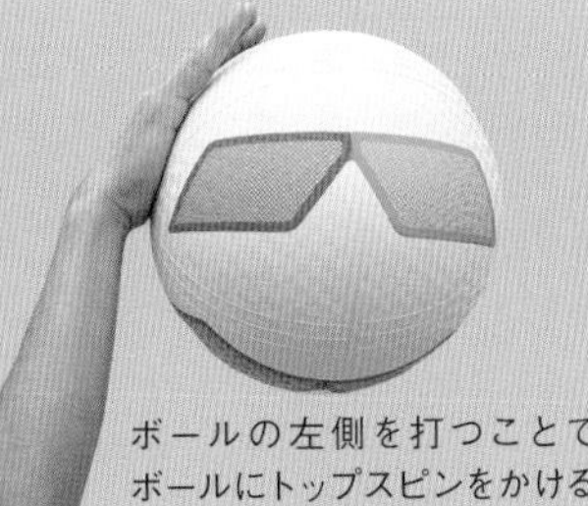
ボールの左側を打つことでボールにトップスピンをかける

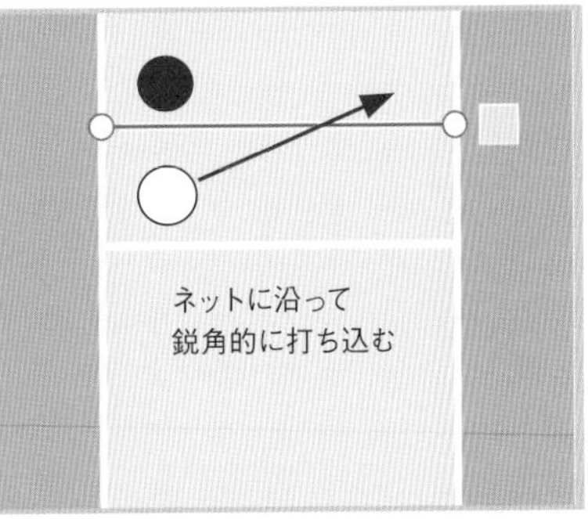

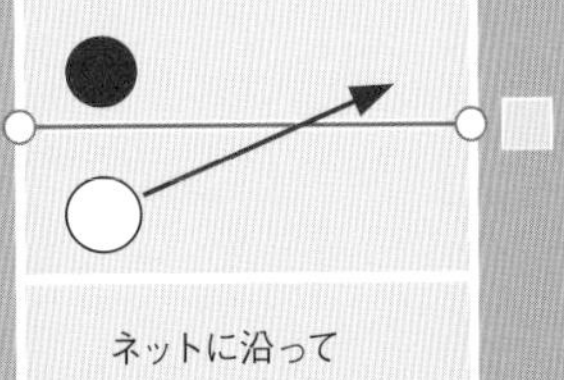
ネットに沿って鋭角的に打ち込む

Check!
右肩の外側でボールをとらえる

Check!
肩甲骨を背中に引きつけるようにして、ひじを後方に引く

2 ボールの左側をとらえてネット際へヒット

1 ボールを見ながらクロス方向へジャンプ

5 クイック ―― セッターとのコンビネーションが成功の秘訣

セッターとコンビネーションを合わせ、相手の体勢が整う前にすばやく打つのがクイックスパイクです。ただし、ソフトバレーボールはボールのスピードがゆっくりなので、それほど早さを意識して打つ必要はありません。アタッカーがジャンプするタイミングはトスと同時が理想ですが、初心者の場合、早さを意識しすぎるとミスになりがちなので、セッターの手からボールが離れてから踏み切るくらいでちょうどいいでしょう。

クイックの助走は最後の2歩でタイミングを

1 トスの軌道とセッターの位置を確認して、短い助走で踏み込む

2 セッターの手にボールが入ると同時に踏み切る

合わせるのが基本ですが、ラリー中ならノーステップで踏み切ることもあります。セッターとタイミングを合わせてスタートすることが大切です。

Point of Technique | ココがポイント　コンパクトなスイングを心がける

クイックスパイクは、ブロックのタイミングを遅らせるのが目的の攻撃。助走も短いので、大きなスイングで強いボールを打つ必要はありません。セッターとタイミングを合わせ、トスの頂点をコンパクトなスイングで打つように心がけましょう。

「小さなスイングで鋭く」がクイックスパイクの基本

Check!

手首のスナップを使い、ボールを鋭角的に打ち込む

3 コンパクトなスイングでボールの上部を鋭くヒット

4 タッチネットを防ぐため、腕は大きく振り抜かない

6 バランススマッシュ ―― ネットから離れたトスに有効な攻撃

ひじを伸ばしたまま、肩を軸に腕を体に巻き込むようにして打つスパイクがバランススマッシュです。トスがネットから離れたケースに有効で、ボールにトップスピンをかけることで通常のスパイクと同等の威力が得られます。力の弱い女性でも打つことができ、相手コートにチャンスボールを返すことなく、強いボールを打ち込むことができます。

ネットから距離があるので空中では後ろに重心を置き、ボールをヒットする位置は右肩の上くらい。大きく胸を反らしてバックスイングし、しっかりと腕を振り下ろしましょう。

Check!

ボールから目を離さないこと

1 通常のスパイクと同様に助走に入る

2 ボールの落下点に踏み込み、ジャンプの準備

3 ジャンプと同時に右腕を後方に引き上げる

Point of Technique | ココがポイント

ボール上部をヒットしてトップスピンをかける

トップスピンをかけるコツは、ボールの上部をヒットすること。手首のスナップを使い、ボールを打ち終わった後もしっかり腕を振り抜きます。

トップスピンがかかると、ボールは鋭く落ちる

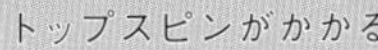

Check!
ボールに体重を乗せ、打点は右肩の真上

Check!
腕でボールを巻き込むイメージをもつ

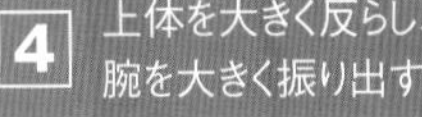

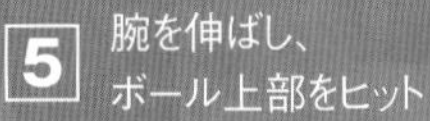

4 上体を大きく反らし、腕を大きく振り出す

5 腕を伸ばし、ボール上部をヒット

6 上体をかぶせ、ボールを押し込むように振り抜く

7 ソフトアタック ―― 最後まで強打を打つフォームを崩さない

ボールにトップスピンをかけ、相手の高いブロックを越すソフトアタックは、強打主体の攻撃が相手ブロッカーに対応されたときなど、攻撃のリズムを変えたい場合に効果を発揮する攻撃法です。

フォームは通常のスパイクと同じですが、ボールをヒットした後、腕を大きく振り抜かずにスイングを途中で止め、手のひらでボールをこすり上げるようにスイングするのが特徴。トップスピンがかかったボールは、相手コートに鋭角的に落ちます。空いているスペースをねらい、ギリギリまで強打と見せかけるのが成功の秘訣です。

1 トスを見ながら、オープンスパイクを打つように踏み切る

2 強打するように見せかけ、大きくひじを引く

Point of Technique ココがポイント　コート中央が基本的なねらい目

強打を警戒する相手の裏をかく戦術ですから、成功させるためにはボールを落とす地点を明確にして行う必要があります。通常、コート中央付近がねらい目です。また、強打を警戒しているレシーバーの前など、相手の守備をよく見て、臨機応変に対応することが大切です。

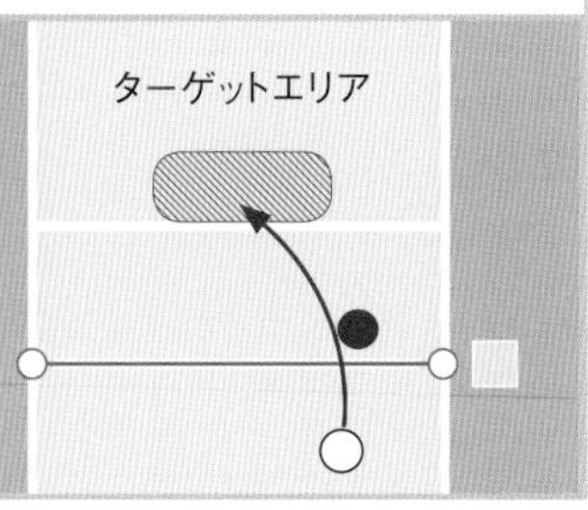

3 打球直前でスイングを止め、ボールを下部から上部へこするようにヒット

4 スナップを利かせ、コート中央へボールを落とす

8 フェイント —— 守備の穴をねらうのがコツ

強打と見せかけて打つ瞬間に力を抜き、ボールをポトリと落とすのがフェイント。ココぞ！ というときに行うとおもしろいように決まるプレーです。

相手選手を惑わすには、相手チームがどんなレシーブフォーメーションを敷いているのかを確認したうえで、ひじを大きく引いてテイクバックするなど、ギリギリまで強打と同じフォームをキープすることが大切。目で「強打を打つぞ！」という意思表示をすると、より効果的です。

ただし、フェイントと強打は表裏一体。強烈なスパイクがあるからこそ、フェイントが決まるということを頭に置いておきましょう。

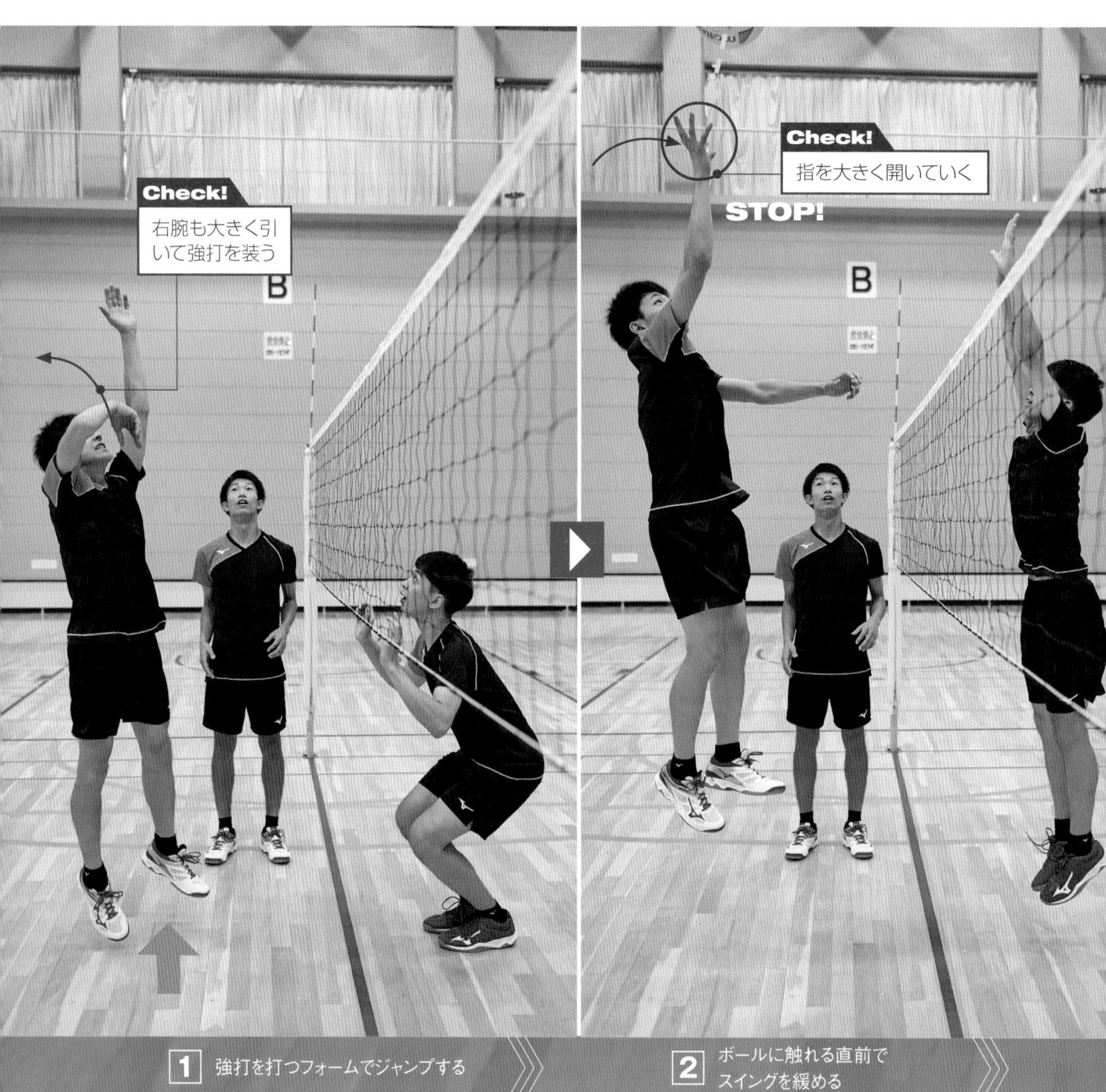

1 強打を打つフォームでジャンプする

2 ボールに触れる直前でスイングを緩める

Point of Technique | ココがポイント　相手ブロッカーのサイドをねらう

フェイントでは指の腹を使って、弾くようにボールをヒットします。ボールを落とす位置は相手ブロッカー両脇のネット際もしくは背後が効果的です。ただし、ボールが大きく山なりになりすぎると、レシーバーに拾われやすくなるので要注意です。

指の腹で
優しく
タッチする

ターゲット
エリア

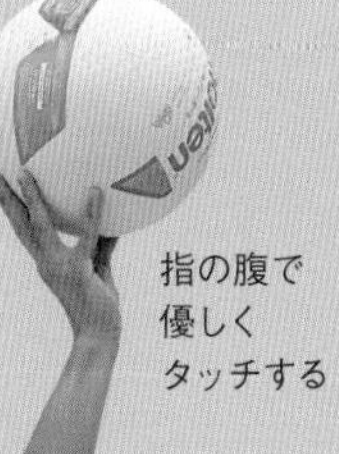

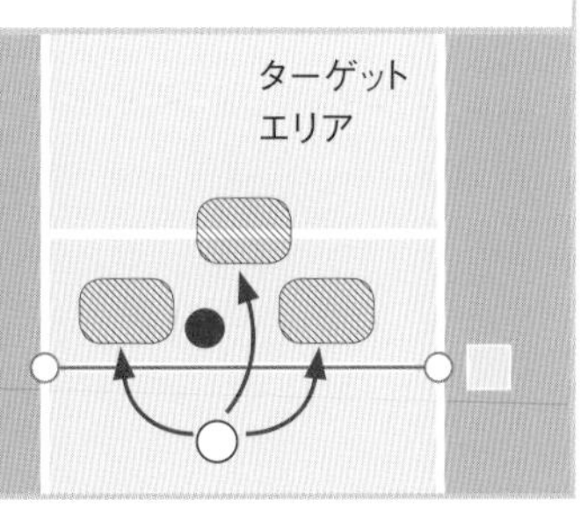

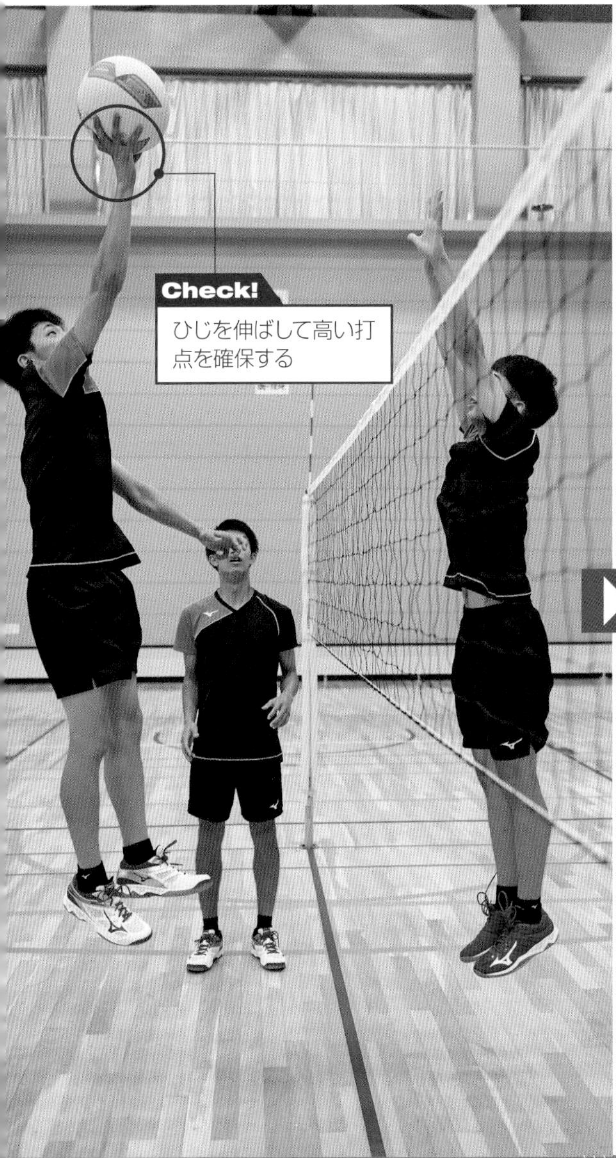

Check!
ひじを伸ばして高い打点を確保する

3 下からボールを押し上げるように指でタッチ

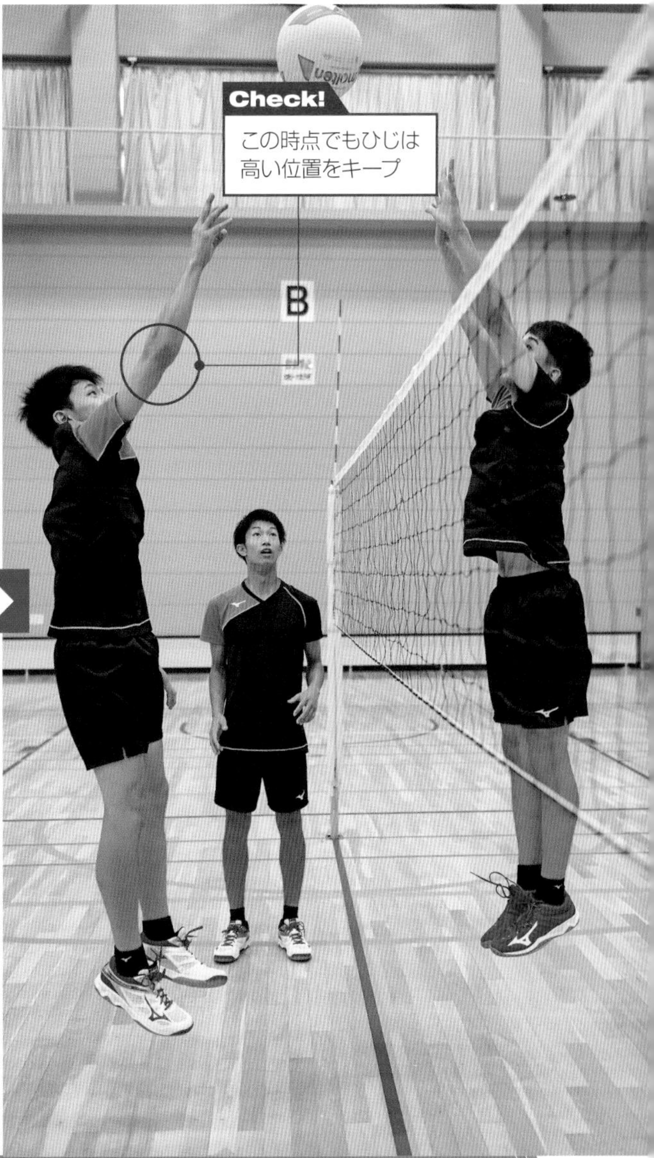

Check!
この時点でもひじは高い位置をキープ
B

4 守備の穴をねらってボールをフワリと落とす

9 プッシュ —— 直線的にボールを押し込むのがプッシュ

ブロッカーの両脇や背後など、相手コートのインナー側にボールを落とすフェイントに対して、エンドラインのギリギリをねらうのがプッシュです。ボールをフワリと浮かすフェイントより、やや直線的な軌道になります。セッターがジャンプトスすると見せかけて、2回目のボールタッチで相手コートにプッシュで落とすのも効果的です。

打ち方はフェイントと同じフォームから、指の腹を使ってボールを前に押し込みます。相手に「フェイントだ！」と見せかけて、瞬時にプッシュに切り替えると、より成功率は高まります。トスがネット近くに上がってしまった場合でも、プッシュを使えば相手コートにボールを押し込むことができます

1 相手レシーバーの守備位置を視野に入れてジャンプ

2 ボールに触れる直前でスイングを止め、腕を伸ばす

Point of Technique | ココがポイント

コートの奥を直線的にねらう

直線的な軌道を描くためには、ボールの中心付近に指の腹を当てることがポイント。相手レシーバーがフェイントを警戒して前に出てきた場合など、プッシュに切り替えてエンドラインのギリギリに直線的なボールを落とすと、相手レシーバーは反応することができなくなります。

ボールの中央付近に指を当てる

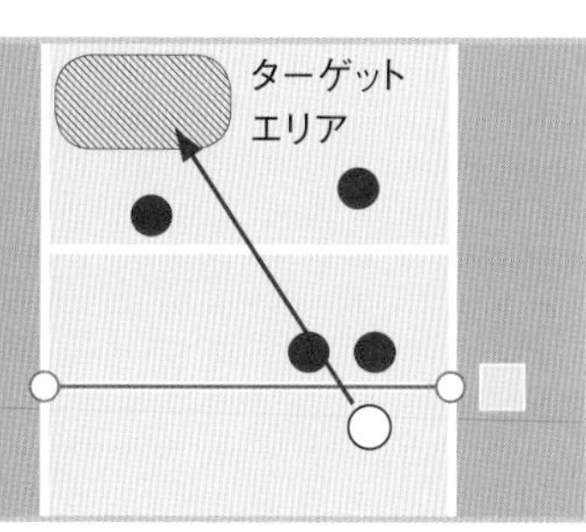

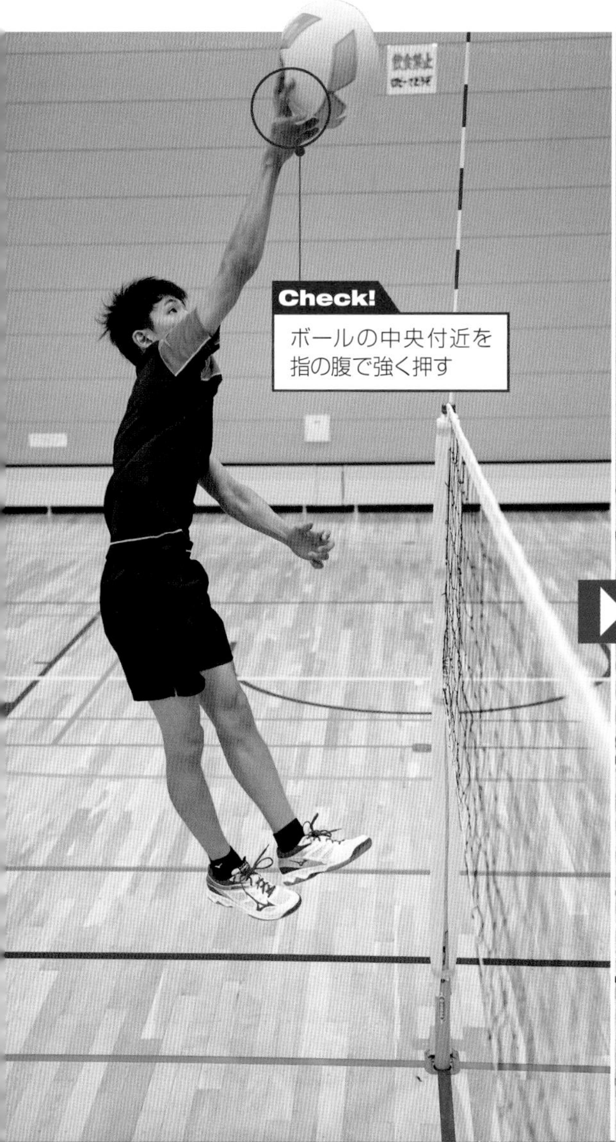

Check!
ボールの中央付近を指の腹で強く押す

Check!
直線的にコートの後方をねらう

Check!
手首のスナップでボールを押し込む

3 高い位置でボールにタッチ

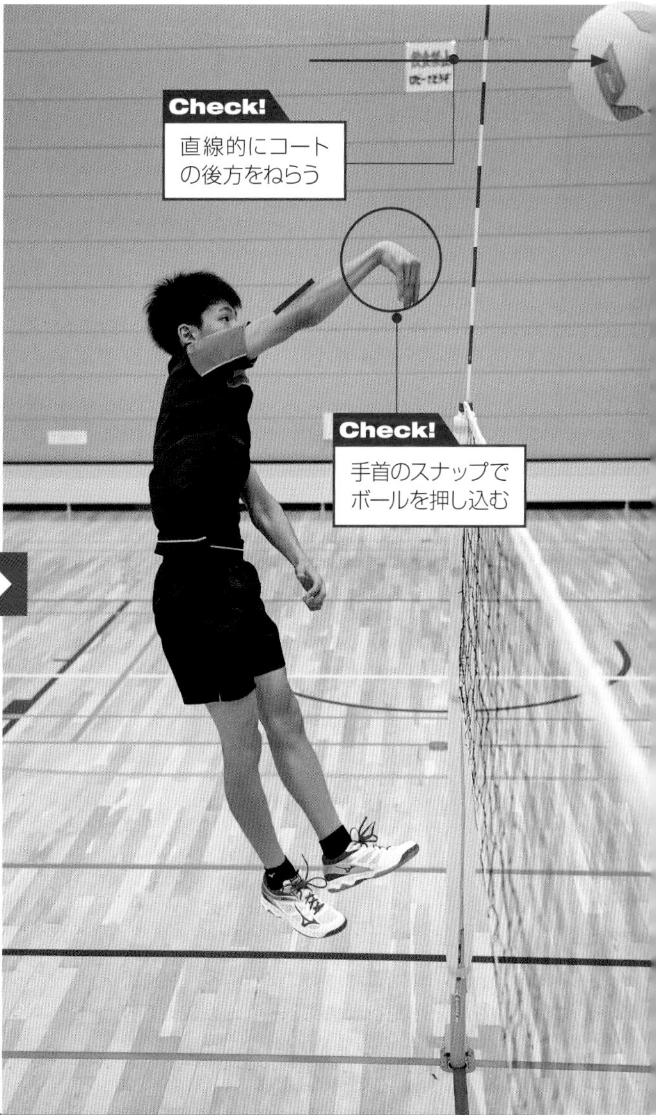

4 ひじを伸ばしたまま、ボールを押し込む

10 ブロックアウト —— 相手ブロッカーとのタイミングを計ることが大切

相手ブロッカーの手のひら（または指先や腕の外側）にボールを当て、ボールをコート外に出す攻撃をブロックアウトといいます。トスがネットの近くに上がってしまったときや、相手のブロックが2枚そろっているときなどに使いたい攻撃です。戦術的な要素が強く、相手ブロッカーとのかけ引きが成功を左右する攻撃法となります。

ブロックアウトをねらう場合は、はじめにブロッカーの数や位置をしっかりと確認しておくこと。トスがアンテナの近くに来るまで相手を引き寄せることも大切です。感覚をつかむまで繰り返し練習しましょう。

1 相手ブロッカーとのタイミングを計ってジャンプ

2 ブロッカーのサイドライン側の指や手のひらをねらってスイング

Point of Technique | ココがポイント　ねらいはブロッカーの手のひら外側

　ボールを当てるのは、ブロッカーの手のひらの外側半分が理想です。手のひらの真ん中や手首あたりにボールを当てると、シャットアウトされる可能性があるので注意が必要です。重要なのはブロッカーをよく見ること。常にブロッカーを意識した練習を心がけましょう。

レフトからの場合は、相手ブロッカーの右手外側の部分をねらう

アンテナ近くで、相手ブロッカーが２枚のケースならブロックアウトをねらおう

Check!

ブロッカーの手先が反るぐらい強打する

3 内側から外側への軌道で振り抜く

4 最後までボールから目を離さず、コート外に出るのを確認する

11 リバウンド —— 相手を利用して攻撃を立て直すプレー

相手のブロックがそろってしまい、そのままスパイクを打ってもシャットアウトされると判断したときや、トスが乱れて効果的な攻撃ができない場合などは、相手ブロッカーの手に一度ボールを軽く当て、その跳ね返りを拾います。このように相手のブロックを利用して攻撃を立て直すことを「リバウンドをとる」といいます。

リバウンドで重要なのは、ボールを打つタイミング。ジャンプの落ち際など、通常より少しタイミングを遅らせて打つのがポイントとなります。着地した後もボールを目で追い、すばやく次のプレーに移る体勢をとります。アタッカーがあらかじめリバウンドをとる意思を明確にしておくと、味方はフォローしやすくなります。

1 強打してもブロックされると判断したら、すかさずリバウンドを選択する

2 跳ね返ったボールの軌道を確認しながら着地

Point of Technique ココがポイント 相手の手のひらにソフトにボールを当てる

緩いボールを自コートに返すには、相手の軟らかい指や手のひらにボールを軽く当てるのが鉄則です。手首や腕など硬い部分に当ててしまうと、強いボールが跳ね返ったり、シャットアウトされる可能性があるので要注意。相手の手のひらをしっかりとねらい、プッシュまたはフェイントの要領で、ソフトにボールを当てましょう。

リバウンドのねらい

Check!
味方の体勢を整えるために、できるだけ高いボールをコート中央に上げる

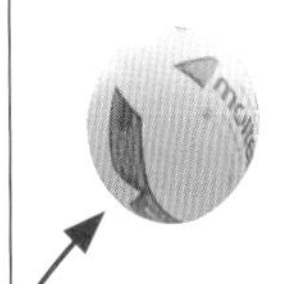

Check!
低い姿勢でボールを引きつける

3 腰を落とし、レシーブの体勢をとる

4 レシーブ後すばやく立ち上がり、次の攻撃に続けていく

12 ツーアタック&フェイント ―― 相手の意表を突くセッターの攻撃

ソフトバレーボールは、相手を惑わすトリッキーなプレーが魅力のひとつ。ツー攻撃もそのひとつで、セッターがアタッカーにトスを上げると見せかけて、空中で相手コートの空いたスペースにボールを落とすテクニックです。

アタッカーに打たせるのではなく、セッター自らがアタッカーとなって得点を取る攻撃といえます。

ツー攻撃には、片手で相手コートにボールを叩き込む「ツーアタック」と、手首を内側に返して背後にボールを落とす「ツーフェイント」の2つの打ち方があります。どちらもネットから離れた位置からではボールに

ツーアタック

3 手首のスナップを使って、ボールを押し出す

2 ひじと手首をクッションにして、手のひら全体でボールをとらえる

1 ボールの落下地点に入り、右腕（ネット寄りの腕）を伸ばす

力が伝わりづらく、効果が薄くなるので注意が必要です。

Check!

どちらの攻撃も、直前までトスアップするフォームで構えること

NG 苦肉の策では通用しない

アタックとはいえ、威力のあるボールは打てないので、成功させるためには、状況判断が重要になります。相手の守備状況をしっかりと把握し、その穴をねらってピンポイントでボールを落としていくことが大切です。ネットから離れていたり、無理な体勢からのツーアタックは、逆に相手のチャンスボールとなるので要注意です。

こんな位置からの攻撃はダメ！

ツーフェイント

1 ボールの落下地点に入り、右腕（ネット寄りの腕）を伸ばす

2 高い位置でボールをキャッチ

3 上体を反らしてボールを後方へ送り出す

スパイクの練習法
Practice Method

スパイクは、初心者がいきなり打てるという技術ではありません。
スパイクは、セッターから上がってくるボールにタイミングを合わせるのが重要なポイントになりますが、まずはボールを打つ感覚を覚えるのが先。打点の高さなどもしっかりと身につけたうえで、徐々にステップアップしていきましょう

◆ボールキャッチ練習

スパイクの練習は段階を踏みながら進めていくのが基本です。はじめは真上に投げたボールを、ジャンプしてキャッチすることからはじめましょう。できるだけ高い位置でボールをつかむのがコツ。ヒザに負担がかからないように、つま先から着地するようにします。

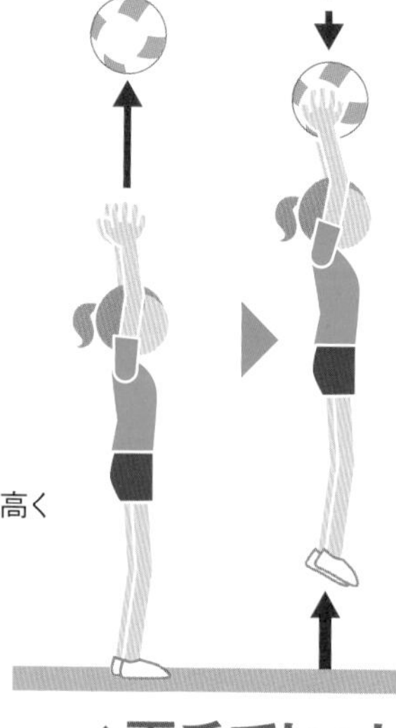

ボールを頭上に高く投げ上げる

すばやくジャンプして、高い位置でボールをキャッチする

◆高い位置でのボール投げ練習

ボールキャッチに慣れてきたら、投げる動作を加えた練習をします。真上に投げたボールをキャッチしたら、そのまま両手で相手コートに投げ入れます。高い位置でボールを投げられるようになったら、助走を加えて同じ動作を行いましょう。スパイクのフォームをイメージして行うことが大切です。慣れてきたら、仲間に相手コートからボールをトスしてもらって行いましょう。

ボールをキャッチしたら、すかさず空中で相手コートへ投げ入れる

◆両手でヒットする練習

キャッチ練習に慣れてきたら、真上に投げたボールにタイミングを合わせてジャンプし、両手でボールをヒットする練習をしてみましょう。上達したら助走をつけてチャレンジしてください。相手コートにしっかりとボールを返せるようになるまで繰り返し練習しましょう。両手でボールを弾く感覚を身につけることができるため、ブロックの練習にもつながります。

両手のひらでボールをパチンと打つ。慣れてきたらスナップを使って、鋭角的に打ち込む

◆すばやいスイングを身につける

斜め右方向（右利きの場合）に助走したら、左足で踏み切ると同時にトスを上げ、空中で右腕を引いて打つ体勢を作ります。ボールをよく見て高い打点でヒットします。ジャンプサーブやクイックの感覚も身につけることができる一石二鳥の練習です。

ネットに対して斜めに助走

踏切と同時にトスアップし、ボールに合わせてジャンプ

体幹を真っすぐにしてテイクバック

高い打点でスナップを効かせてボールをヒット

スパイクの練習法
Practice Method

◆トスの軌道に合わせる練習

アタッカーはどこからトスが上がっても打てるようになるのが理想です。片手でスパイクが打てるようになったら、セッターに移動してもらいどの角度からでもスパイクが打てるように練習しましょう。

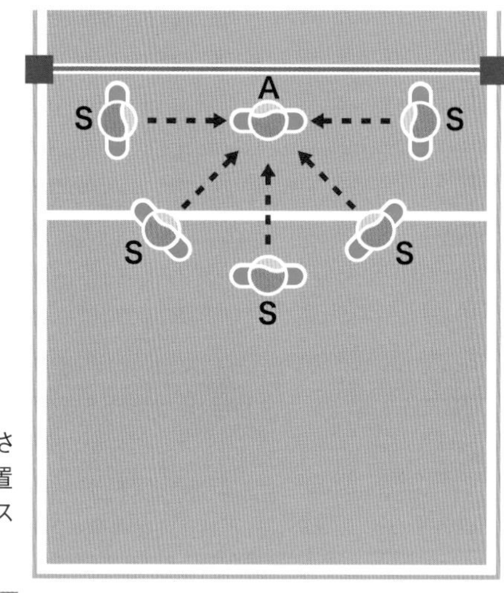

セッターを移動させ、さまざまな位置から上げられたトスをスパイクする

◆ワンタッチ&ブロックアウトの練習

試合を想定した練習も欠かせません。壁の前にブロッカーに立ってもらい、1〜1.5m前後の間隔を置いて相対して、相手の手をねらってスパイクを打つ練習をします。最初はブロッカーの手のひらに確実にボールを当てる練習からはじめ、慣れてきたら手の一部分（ワンタッチ練習ならブロッカーの指先を、ブロックアウトならブロッカーの左右の手の小指側の部分）をねらって、正確にボールを当てる練習へと進みましょう。

●ワンタッチの場合
ワンタッチをねらう練習では、ブロッカーの両手の指先にボールを当て、弾かれたボールが後方へ飛ぶようにスイングする。

●ブロックアウトの場合
ブロックアウトをねらう練習では、両サイドからの攻撃を想定して、ブロッカーの左右の手の小指側の部分にボールを当て、弾かれたボールが左手なら左方向へ、右手なら右方向へ飛ぶようにスイングする。

Lesson 4

ブロック

Block

ブロックの基本
ソフトブロック
クロスブロック
2枚ブロック
ブロックの練習法

1 ブロックの基本 ―― オーバーネットに注意して真上に高く跳ぶ

ネット際で両腕を高く上げてジャンプし、相手のスパイクを止めるのがブロックです。基本的には守備を固めるディフェンスの起点といえますが、ワンタッチをとって味方にボールをつないだり、相手のスパイクを直接相手コートに落とすことで得点につなげる、オフェンスとしての一面もあります。技術だけでなく、的確な状況判断が求められる重要なテクニックです。

ブロックはネット際でのプレーとなるので、ジャンプしたとき手がネットに触れる（タッチネット）、ネットを越えて相手コートでボールに触れる（オーバーネット）と反則となるので要注意。ブロック地点に移動したらネットに正対し、ヒザのバネを使って真上にジャンプしましょう。

手がネットより前に出た状態でブロックしてしまうとオーバーネットの反則

Check!
ネット越しに相手の動きを注視する

Check!
空中で体がブレないように注意

Check!
ヒザをしっかり曲げる

Check!
ひじが白帯の上に出るくらいまで高く跳ぶ

1 両ひじを肩の高さで曲げて構える

2 深く沈み込んでジャンプの準備

3 ヒザのバネを使って真上にジャンプ

4 両手を開いて腕を真っすぐ伸ばす

Point of Technique | ココがポイント 「ブロック地点までの距離でステップを使い分ける」

ブロッカーはネットに正対し、左右どちらにボールが来ても対応できるよう、ヒザを軽く曲げて構えます。移動は距離や相手の攻撃速度などによって、以下の2つのステップを使い分けます。

❶ 近い場合はサイドステップ Side Step

1 ネットと正対し、ひじを上げて構える

2 移動方向の足から1歩目を踏み出す

3 反対側の足をすばやく引きつけ、ひざを曲げる

4 腕をいっぱいに伸ばして、真上にジャンプ

❷ 遠い場合はクロスステップ Cross Step

1 ネットと正対し、ひじを上げて構える

2 トスの方向へ体を向け、移動方向と逆の足から1歩目を踏み出す

3 最後に右足（右に移動した場合）を左足とクロスするように踏み込んで体を止める

4 腕をできるだけ伸ばし、真上にジャンプ

2 ソフトブロック――相手スパイクの勢いを殺してチャンスボールにつなげる

ブロックのタイミングが遅れ、ジャンプできずに手がネットの上に出ない、または相手スパイクの打点が高く、しっかりとボールを止められないようなときは、とりあえず相手ボールを手のひらでワンタッチしてボールの勢いを吸収し、後ろで守っているレシーバーにボールをつなぐソフトブロックで対応します。男性のアタッカーに対し、女性がブロックするケースなどに有効なブロックで、自チームにチャンスボールをもってくることができます。

手を出すタイミングはやや遅めでOK。相手のアタッカーがスパイクを打つタイミングを見計らい、ワンテンポ遅らせてジャンプするくらいがベストです。

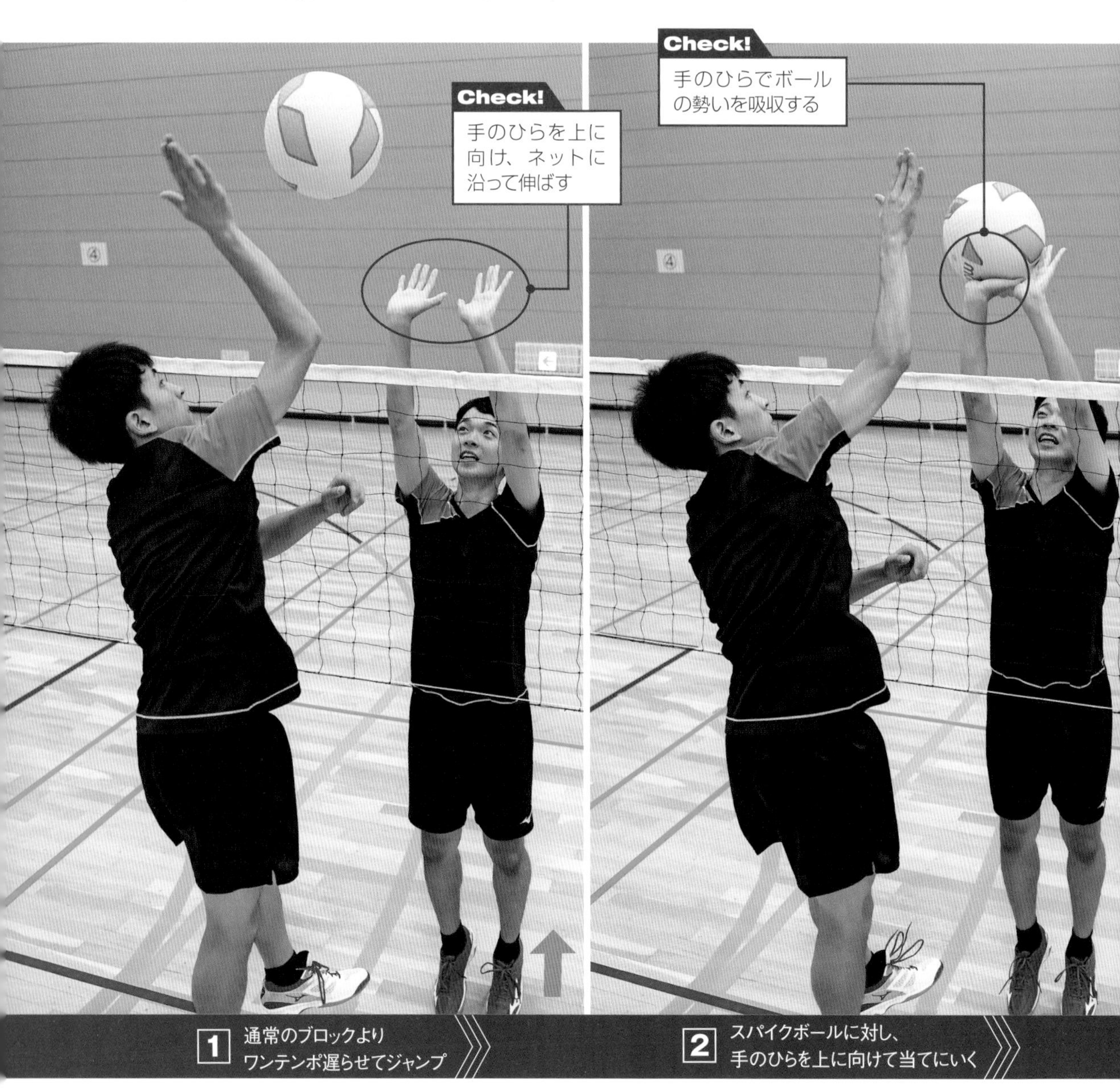

1 通常のブロックよりワンテンポ遅らせてジャンプ

2 スパイクボールに対し、手のひらを上に向けて当てにいく

Point of Technique｜ココがポイント 「出前持ちスタイル」でボールを弾くのがコツ

ソフトブロックで重要なのは手のひらの使い方にあります。通常のブロックのように手のひらを前方に向けるのではなく、両手の親指を向かい合わせ、手のひら全体を上に向けるのが基本。いわゆる「出前持ち」の要領です。こうすることで、手のひら全体でボールの勢いを吸収し、ボールを後ろに飛ばすことが可能になります。

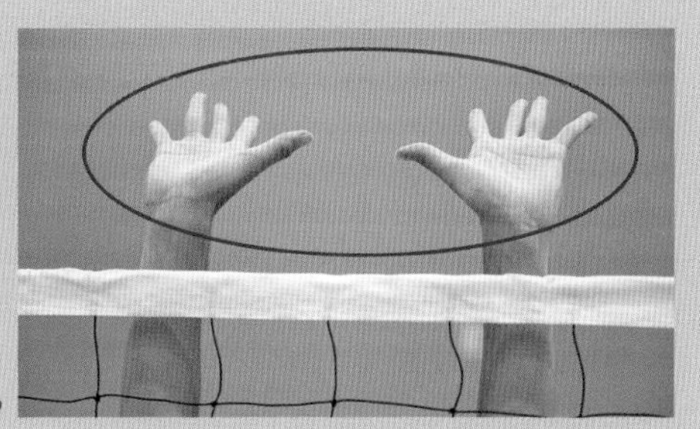

親指を向かい合わせ、手のひらを上に向けて手首を固定する

3 着地するまでは最後まで手首を固定しておく

4 後方に行ったボールを目で追い、レシーバーの動きを確認

3 クロスブロック —— 相手の意表を突くブロック

真上にジャンプし、頭上に伸ばした手でボールを止めるのがブロックの基本ですが、ジャンプ後に両腕を曲げたり、斜め方向にジャンプして相手のクロスへのボールをカバーするのをクロスブロックといいます。

クロスブロックには、通常のブロックのように真上にジャンプした後、空中で腕を横に振る「ワイピング」（腕の動きが車のワイパーに似ていることからつけられた名称）と、相手のストレート側で構え、斜め上方に跳んでクロス側を抑える「ク

1 しっかり両ヒザを曲げて、ジャンプの準備

2 相手スパイカーから目を離さず、真上に跳ぶ

3 両腕を左に倒し、クロス側をふさぐ

ロス跳び」の2タイプがあります。どちらも相手アタッカーがサイドからスパイクを打ってくるときに、ストレート側をブロックするフリをしてクロス側のスパイクを止めるテクニックで、ブロッカーが1人のときに効果があります。

人数が少ないソフトバレーボールでは、相手のアタッカーと駆け引きをするうえで、必ず身につけておきたい技術のひとつです。

1 しっかり両ヒザを曲げて、ジャンプの準備

2 左足に体重を多くかけ、やや上体をクロス方向へ傾ける

3 クロス方向へ斜めにジャンプする

4 2枚ブロック —— 2人で跳んで広い範囲をカバーする

2人のブロッカーがそろって跳ぶダブルブロックは、広い範囲をカバーするためのテクニックです。特に相手が2段トスを打ってくるようなケースに有効で、相手アタッカーはブロッカーの状態を注視できないため、多少ブロッカー同士の間が空いてもブロックの確率は高くなります。

ソフトバレーボールはボールが大きく、打球のスピードも遅いので無理して間を詰める必要はなく、空いてしまった場合は、片方のブロッカーがクロスに跳んで間を詰めたり、あえて間に打たせたボールをレシーバーに拾わせるという方法もあります。

2枚ブロックでは、軸になるのはサイド側のブロッカー。ジャンプの合図もサイド側のブロッカーが決めます。両手をしっかりそろえ、タイミングを合わせて跳びましょう。

●間を詰めた場合

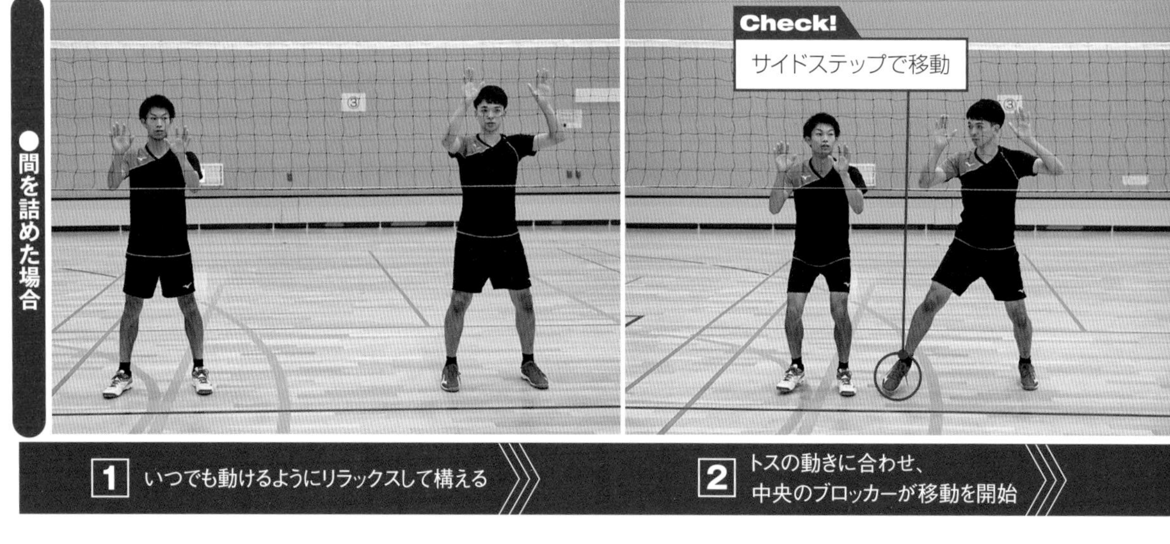

1 いつでも動けるようにリラックスして構える

2 トスの動きに合わせ、中央のブロッカーが移動を開始

●間が空いてしまった場合

1 いつでも動けるようにリラックスして構える

2 トスの軌道に合わせ、中央のブロッカーが移動を開始

Point of Technique ココがポイント　ボールに負けないように手首を固める

親指を上に、小指を外側に向けて伸ばすようにすると手首が固定され、強力なブロックの形が作れます。この形をキープし、ボールを包み込むようなイメージでブロックすれば、相手の強打にも負けず、ブロックアウトも取られにくくなります。

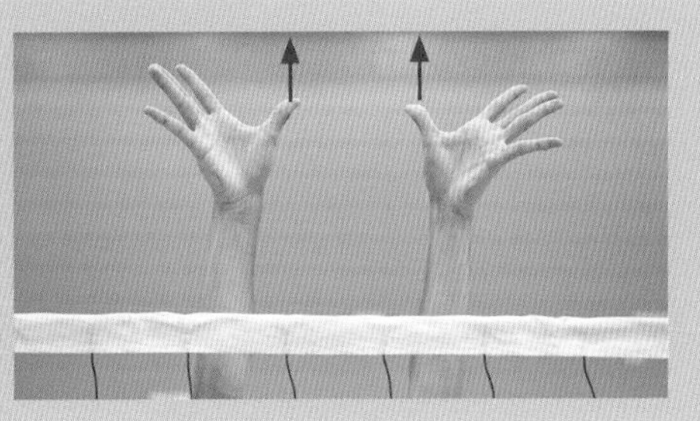

親指を上に突き出し、力を入れてすべての指を伸ばす

3 サイドのブロッカーと動きを合わせてヒザを曲げる

4 2人そろって真上にジャンプする

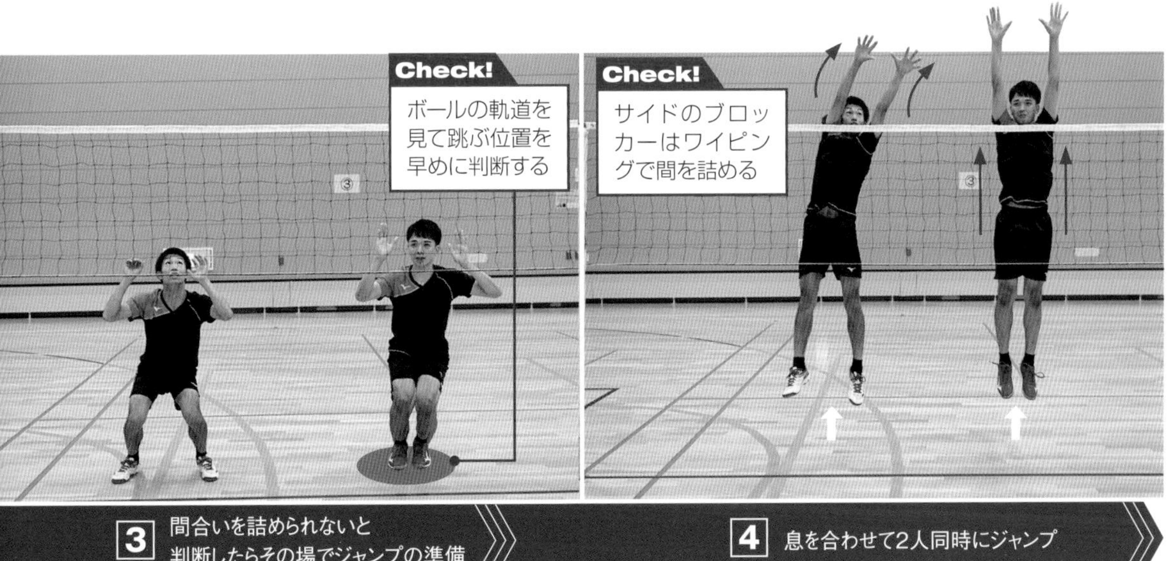

3 間合いを詰められないと判断したらその場でジャンプの準備

4 息を合わせて2人同時にジャンプ

ブロックの練習法

Practice Method

初心者の場合、ブロックをマスターするためには、基本フォームを身につけたうえで、スパイクの強打に慣れることが第一です。まず、スパイクされたボールが手に当たる感覚を覚え、次にジャンプのタイミングやコンビネーション練習へと進みましょう

◆恐怖心を取り除く練習

相手のスパイクに向かって手を出していくのは、最初はだれでも怖いものですが、その恐怖心を取り除くために、2人一組でスパイクを組み合わせた練習をしてみましょう。

立ったままブロックのフォームを作った姿勢から、パートナーに手のひらをねらってスパイクを打ってもらいます。ボールが手に当たる感覚と、打球の威力を体で覚える練習です。慣れてきたらスパイクに強弱をつけたり、左右にコースを変えて打ってもらい、手のどこにボールが当たったら、どう跳ね返るのかといったブロックの軌道を確認します。

ブロック力を高めるには、打球に負けないよう、ボールが当たる瞬間に指先と腹筋に力を入れるのがコツ。当たったボールが前に鋭角的に落ちるようになるまでしっかりと練習しましょう。

立ったままブロックの姿勢をとり、パートナーに近距離から手先に向かってスパイクを打ってもらう。慣れてきたら、スパイクを少しずつ強くしたり、コースを左右に振ってもう。2人で交代して行う。

◆タイミングと位置を合わせる練習

ブロックの感覚がつかめてきたら、実際にネットをはさんで練習をします。3人一組で行い、1人がブロッカーの背後から反対側のコートにボールをトスします（①）。スパイカーはトスされたボールをダイレクトでスパイクし（②）、ブロッカーはスパイカーがジャンプした直後にタイミングを合わせてジャンプしてボールをブロックします（③）。

はじめはブロッカーの真後ろからボールを入れ、慣れてきたら角度をつけて投げるようにしましょう。ブロッカーはアタッカーの動きを目で追い、どこでスパイクを打ってくるのかを見極めます。大切なのはボールに気を取られすぎないこと。コート全体を意識して行ってください。

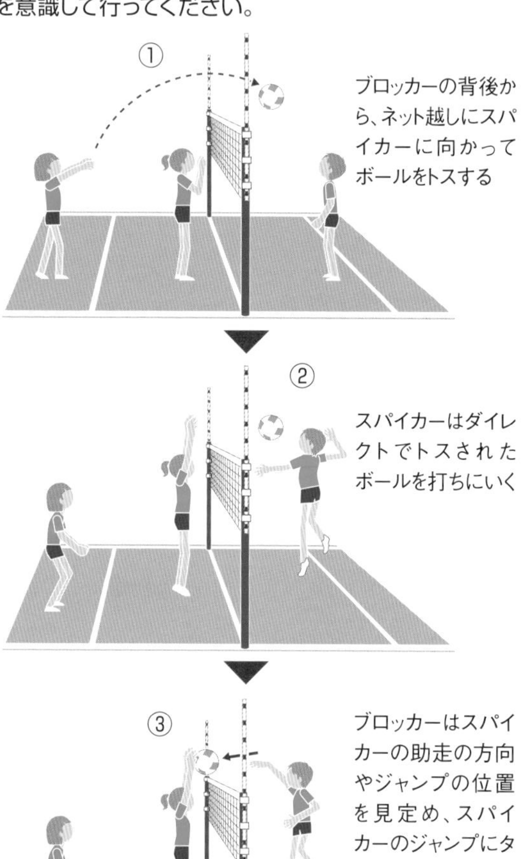

① ブロッカーの背後から、ネット越しにスパイカーに向かってボールをトスする

② スパイカーはダイレクトでトスされたボールを打ちにいく

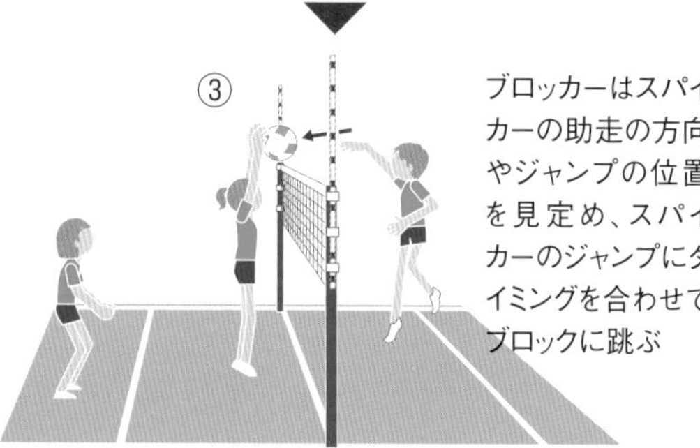

③ ブロッカーはスパイカーの助走の方向やジャンプの位置を見定め、スパイカーのジャンプにタイミングを合わせてブロックに跳ぶ

Lesson 5 サーブ

Serve

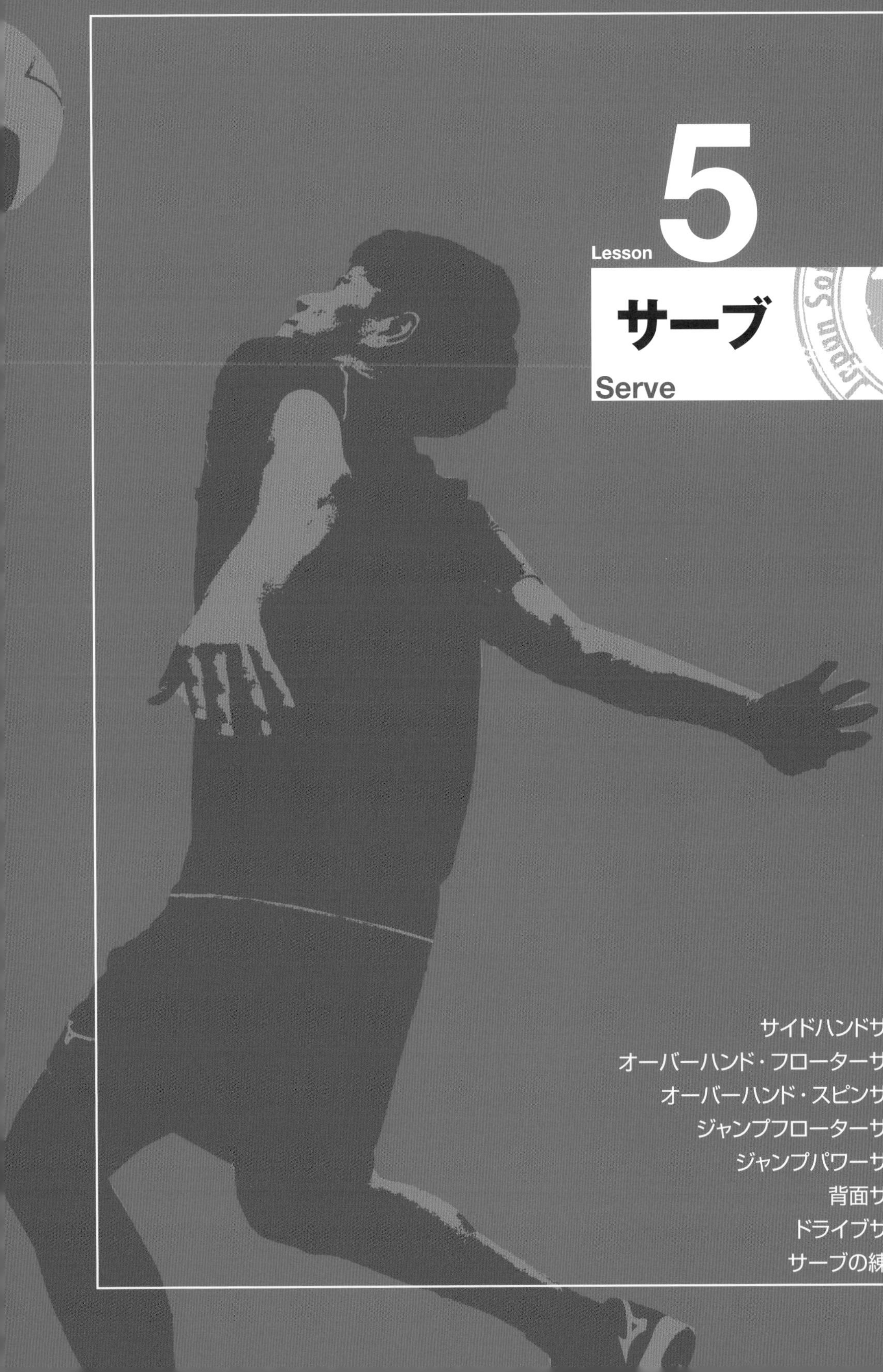

サイドハンドサーブ
オーバーハンド・フローターサーブ
オーバーハンド・スピンサーブ
ジャンプフローターサーブ
ジャンプパワーサーブ
背面サーブ
ドライブサーブ
サーブの練習法

1 サイドハンドサーブ —— 手のひらで打つのがサーブの基本

体の横斜め上方にボールを上げ、体の横側でボールをヒットするサイドハンドサーブは、ソフトバレーボールでは最もオーソドックスなサーブです。体の回転を利用して打つため力はそれほど必要なく、女性や初心者にも打ちやすいサーブといえます。

打ち方の基本は手のひらの中心でボールの真ん中をヒットすること。手の形は「パー」「親指をくっつける」「親指以外をそろえる」などさまざま。自分が打ちやすい手の形でかまいません。た

1 体の横でボールを持って構える

2 右腕を引き、左足を1歩踏み込みながらトス

3 ボールをよく見て、右腕を大きく引く

だし、「グー(握りこぶし)」で打つのは、ボールのコントロールが難しくなるので、あまりおすすめできません。

相手コートとネット上部を視野に入れて打つと、ねらったところにボールが飛びやすくなります。

Point of Technique | ココがポイント

トスは空中にボールを置くイメージで

サイドハンドサーブは体の横側で打つので、トスを高く上げすぎてしまうと、ボールをヒットするタイミングを合わせにくくなるので要注意。空中にボールを"置く"イメージで、常に同じ高さに上げるとこが大切です。

ボールを高く放り投げてはいけない

Check!
へそを正面に向ける

Check!
大振りになりすぎないように注意!

4 体を回転させながら、腕を振り出す

5 手ひらをしっかりと開き、ボールをヒット

6 体の回転に沿って腕を横に振り抜く

2 オーバーハンド・フローターサーブ

―― 無回転で確実性の高いサーブ

体をネットと正対させ、頭の上方でボールをヒットするオーバーハンドでのフローターサーブは、6人制のバレーボールでは主流となっているサーブです。ボールに回転がかからないので、相手レシーバーの手前でボールを変化させることができます。正確性が高く、戦略的なサーブを打ちたい場合に有効です。

打ち方のポイントは軸足にしっかりと重心を移動し、ボールに体重を乗せること。また、トスは利き手と反対側の手で低めに上げます。ボールをとらえる瞬間に手首を固定し、前方に押し出すようにヒットするのがコツ。高い打点から角度をつけて打つと、相手レシーバーはより取りづらくなります。

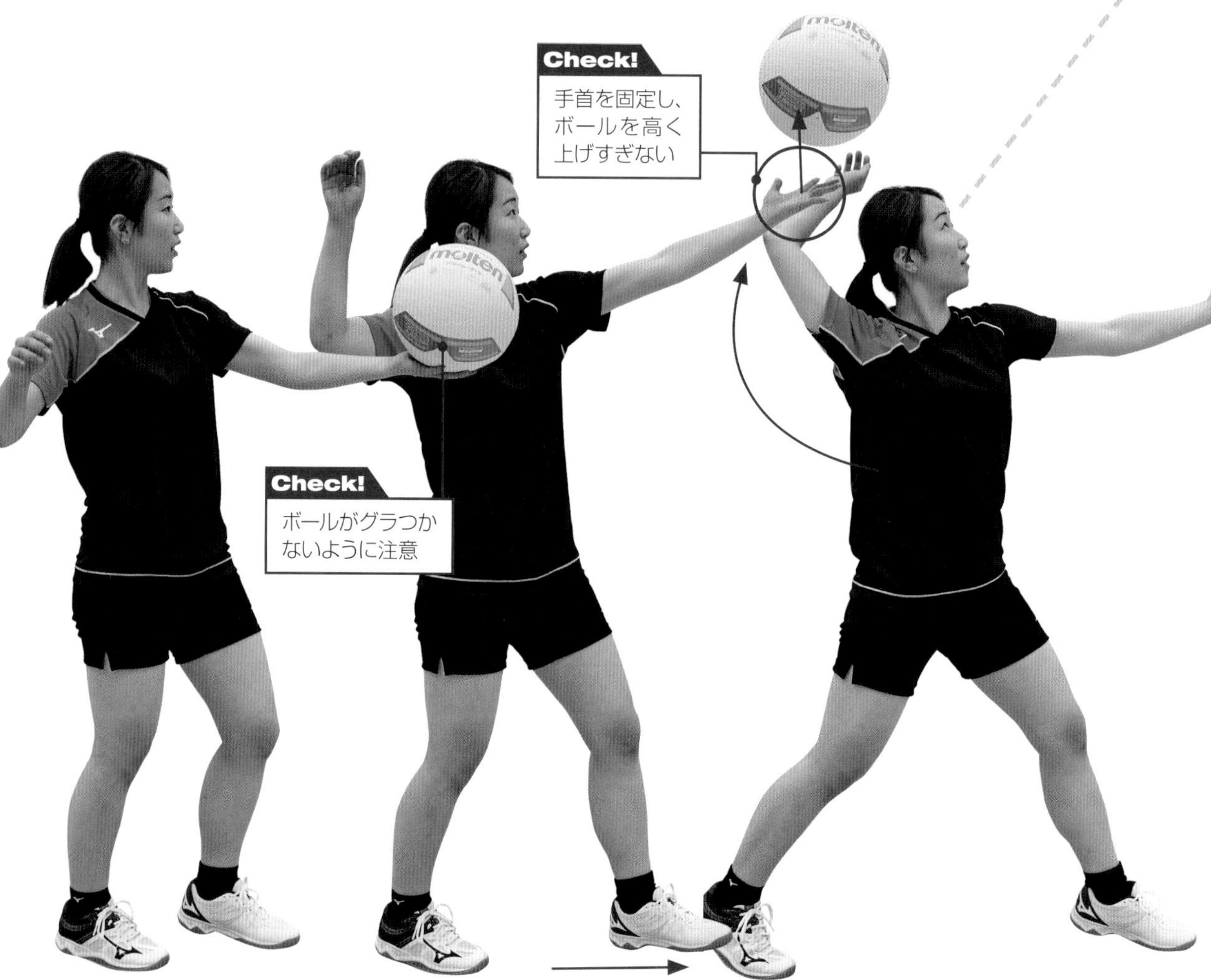

1 肩の高さでボールを保持して構える

2 左足を踏み込みながら真上にトス

3 ボールを見ながら、右腕を大きく引き上げる

Point of Technique | ココがポイント

ボールの中心を「点」でとらえる

ボールの中心をヒット

無回転のボールを打つには、ボールの中心を確実にヒットすることが重要です。打つ瞬間に手首が動いてヒットポイントがズレると、ボールに回転がかかってしまうので要注意。ボールの中心を「点」でとらえるのがコツです。手首をしっかりと固定して打つようにしましょう

中心からずれると回転がかかってしまう

Check!
手首を固定して、手のひら全体で打つ

Check!
手首は最後まで返さない

Check!
つま先は打つ方向に向ける

4 左足に重心を移動しながら、右腕を振り出す

5 体重を乗せ、ボールを押し出すようにヒット

6 腕は大きく振りぬかず、小さくフィニッシュ

3 オーバーハンド・スピンサーブ

―― 手首のスナップを使いボールを切るように打つ

スピンサーブとは手首のスナップを使って、意図的にボールに回転をかけるサーブをいいます。強い回転が加わったボールは、空中で大きく曲がるためレシーブしづらく、また、レシーバーの手からボールを弾き飛ばす効果があります。

リラックスして構え、ボールの半分を「切る」イメージで、ヒットする瞬間に腕に力を入れて振り抜きましょう。ねらったところに正確なサーブを打つことで、相手レシーブを効果的に崩すことができます。

1 腕を伸ばし、肩の高さでボールを持って構える

2 ボールをやや高めに真上にトス

3 右足に体重を乗せ、腕を大きく引く

Point of Technique｜ココがポイント　ヒットポイントの違いで軌道が変わる

ボールをヒットする位置によって、スピンの種類が変わります。右斜めなら「カーブ」に、左斜めなら「スライス」になります。また、ボールの上をヒットすると「トップスピン」がかかり、相手の手前で落下します。ボールが相手コートで浮き上がる「バックスピン」をかけることも可能です。

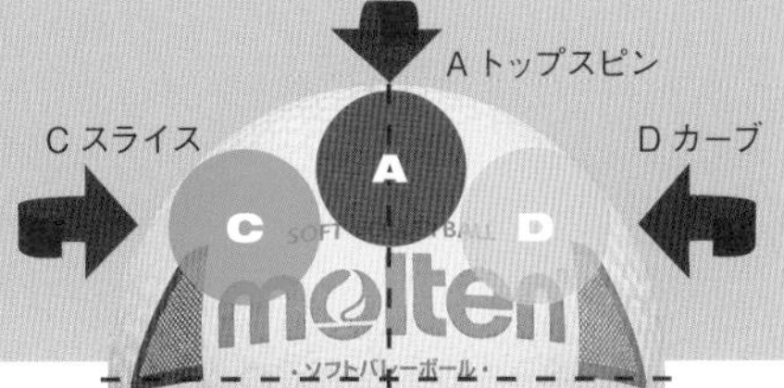

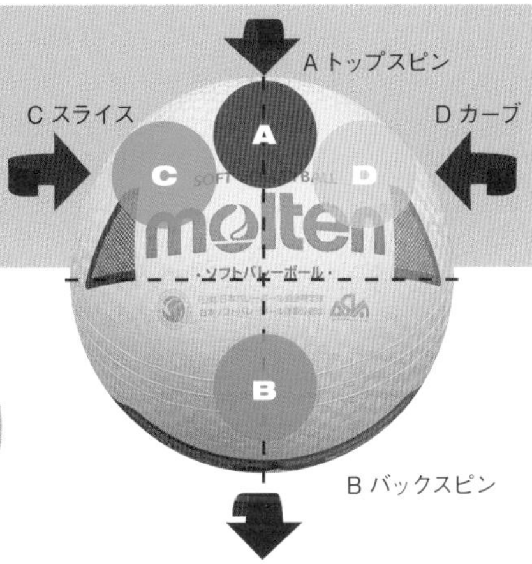

Check!
トップスピンの場合はボールの上部を叩く

4 左足に体重を移動しながら腕を振り出す

5 右肩の上方でボールをヒット

6 手首のスナップを利かせて振り抜く

4 ジャンプフローターサーブ

―― 高い打点から直線的に打つ無回転サーブ

同じフローターサーブでも、ジャンプして打つだけでさまざまなメリットがあります。そのひとつがボールの軌道。高い打点でヒットすることで、ボールの軌道が直線的になり、サーブのスピードが増します。ネットの白帯スレスレをボールが通過するので、相手レシーバーにとっては反応しづらいサーブとなります。また、目線が上がることで相手コートが見やすく、前後左右の打ち分けも容易になるのもこのサーブの利点です。

基本的なフォームは、ジャンプする以外、通常のフローターサーブと変わりません。トスのタイミングを合わせ、その場でジャンプして打つ練習からはじめましょう。

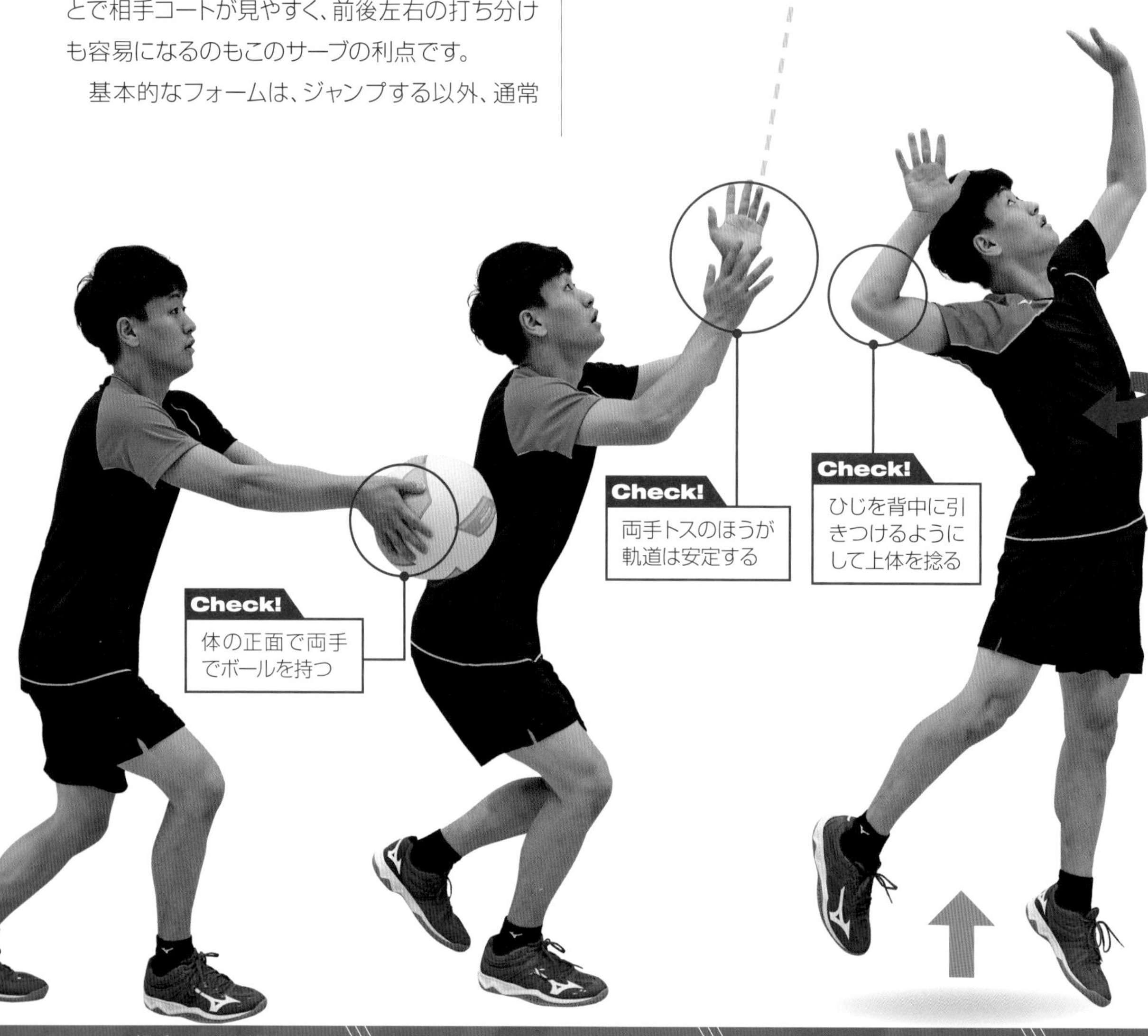

1 相手コートをよく見て1歩目を踏み出す

2 ジャンプのタイミングに合わせてトスアップ

3 ボールから目を離さず、両足でジャンプ

Point of Technique | ココがポイント

助走に変化をつけてみよう

その場でジャンプして打つことに慣れてきたら、助走に変化をつけてみましょう。エンドラインに対して斜めから入って片足（右手で打つ場合は左足）で踏み切ると、ボールに強い力を加えることができます。エンドラインぎりぎりで大きく踏み切れば、ボールの速度が増し、相手レシーバーを崩しやすくなります。

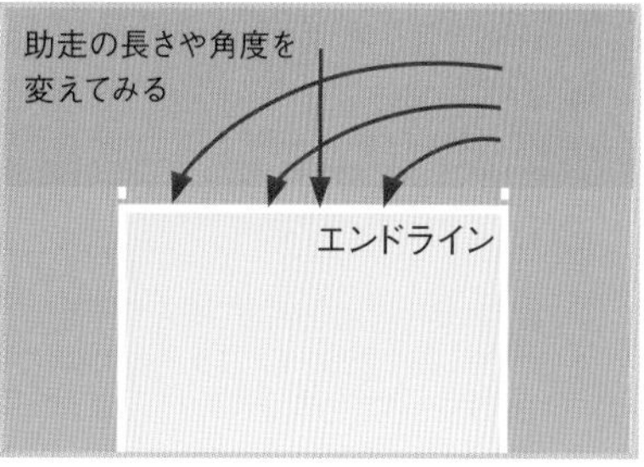

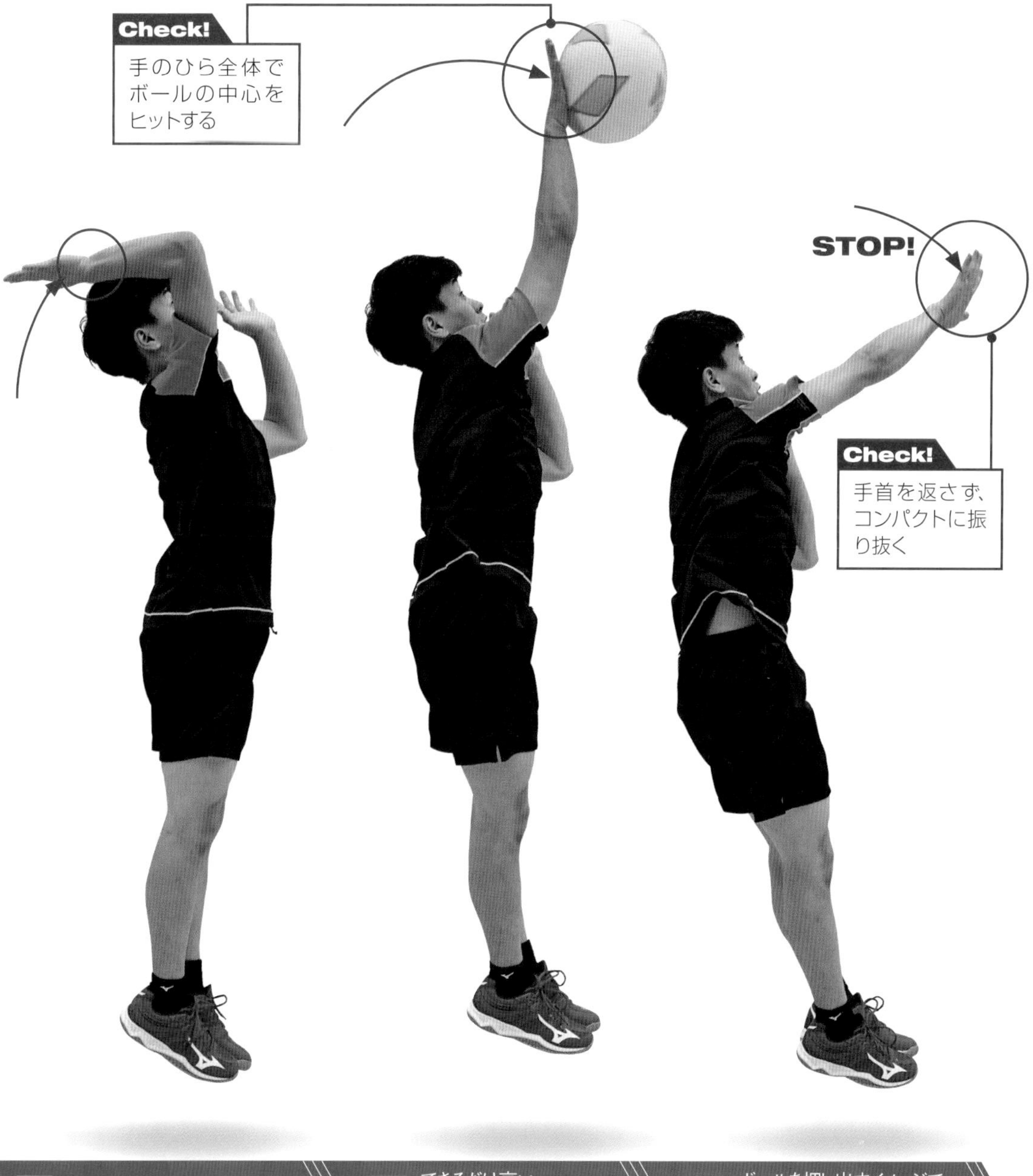

Check! 手のひら全体でボールの中心をヒットする

STOP!

Check! 手首を返さず、コンパクトに振り抜く

4 手首を固定して腕を振り出す

5 できるだけ高い打点でボールをヒット

6 ボールを押し出すイメージで振り抜く

5 ジャンプパワーサーブ ―― 攻撃力のアップには欠かせないサーブ

スパイクを打つように、高い打点から力強くヒットするのがジャンプパワーサーブです。スピードとパワーに優れ、主に男性プレーヤー向きのサーブですが、他のサーブに比べてミスの可能性も高くなります。練習によって正確性を高めることができれば、大きな攻撃力になるサーブといえます。ヒットするのはボールの上部。ボールにトップスピンがかかり、相手のレシーバーは取りづらくなります。ボールに体重を乗せて打つためにも、エンドライン近くで踏み切り、できるだけ前方で着地するようにジャンプしましょう。

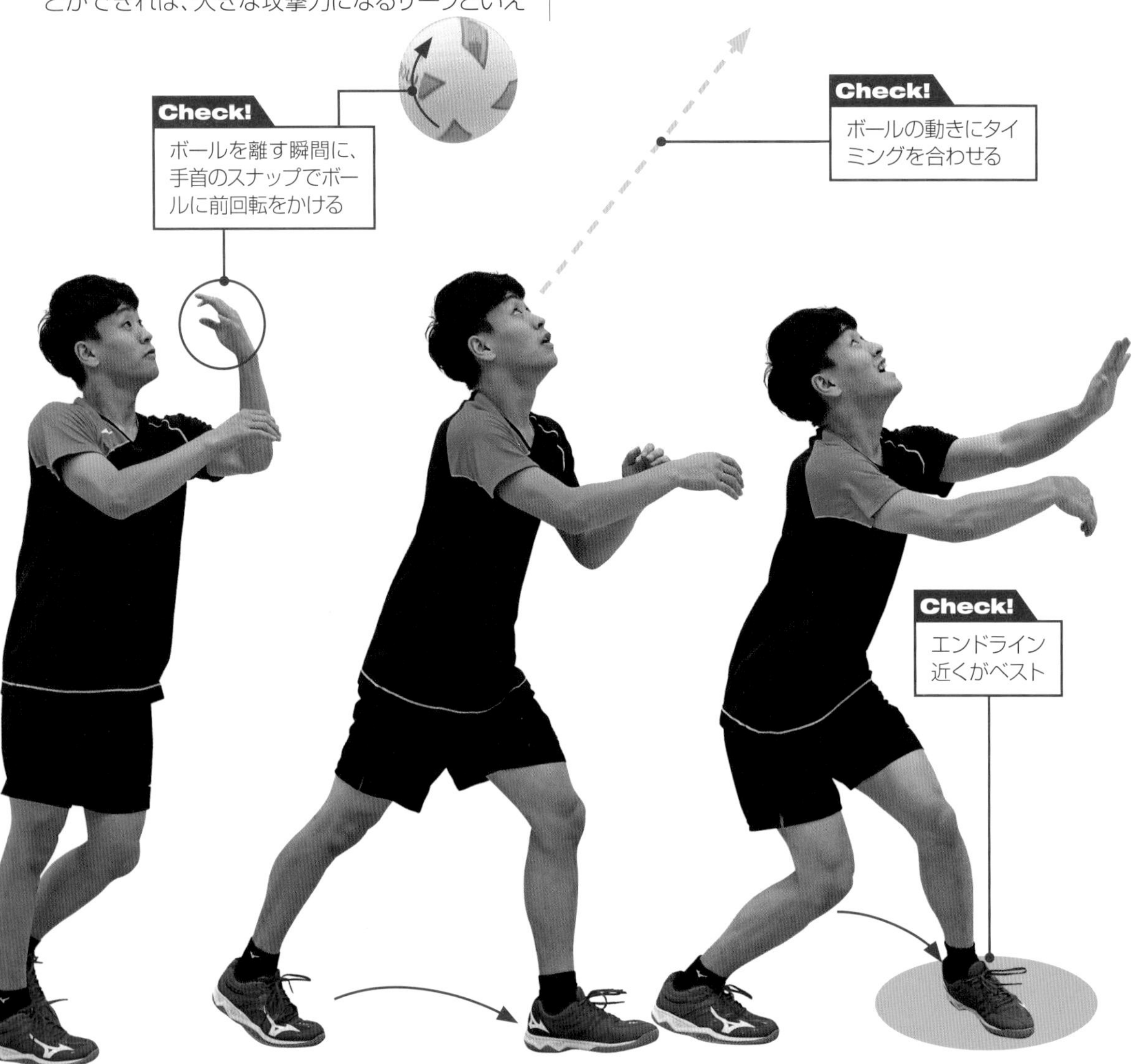

1 体の正面に高めのトスを上げる

2 ボールを目で追いながら助走に入る

3 体が前に流れないように注意して、ジャンプの準備

Point of Technique ｜ココがポイント

安定したトスがミスを減らす

初心者は両手上げのほうがトスは安定する

ミスを減らすには、トスの精度を高めることがポイントとなります。初心者にとってトスの安定という点では、片手上げより両手上げのほうが有利。片手で上げる場合でも、打つ側の手を軽く添えておくようにするといいでしょう。

Check! 体幹を安定させる

Check! ボールの上部を叩き、トップスピンをかける

Check! 上体をボールにかぶせていく

Check! 弓なりに反る

Check! 上体をしっかり捻る

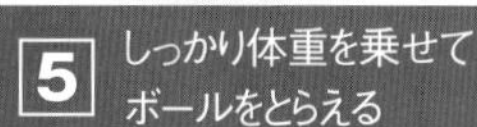

4 ジャンプと同時にすばやくスイング体勢に入る

5 しっかり体重を乗せてボールをとらえる

6 打つコースへ向けて腕を振り抜く

6 背面サーブ —— ソフトバレーならではの変則サーブ

ボールを下からたたき上げ、自分の背中方向へボールを飛ばす背面サーブは、ソフトバレーボールならではのサーブです。

体がエンドラインと平行になるように立った独特の構えから、全身の伸び上がりを利用して、手のひらでボールを下から強くたたき上げるように打ちます。ソフトバレーボールのボールは軟らかく弾力があるので、押し潰されて変形したボールには、元に戻る反動で鋭い回転がかかります。

変則的なサーブ法ですが、相手の意表をつき、試合の流れを変えたい場面で使うと効果的です。ねらいは相手コートのネット際。

6 背中がネットと正対するようにフィニッシュ

5 ボールを追うように高く腕を振り抜く

4 ヒザのバネを使って伸び上がり、ボールの下部をヒット

ここに回転のかかったボールを落とせれば、相手はレシーブしにくくなります。繰り返し練習し、どんな放物線を描けばどこに落ちるのかをしっかりと確認しておきましょう。

Point of Technique **ココがポイント**

スピンの効いたボールはヒザのバネがカギ

背面サーブの成否はヒザのバネがカギを握っています。トスを上げると同時に利き手側のヒザをやや深く曲げてタメを作り、腕を振り上げると同時に伸び上がる反動を利用してボールをヒットします。足で床を蹴る力を利用すると、より強いボールになります。

ヒザを深く
曲げてタメ
を作る

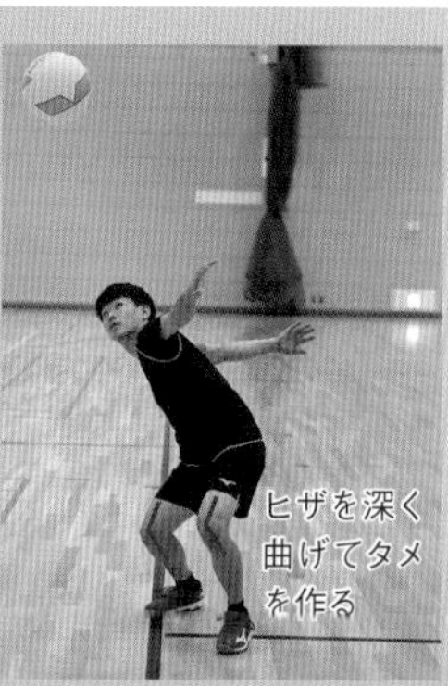

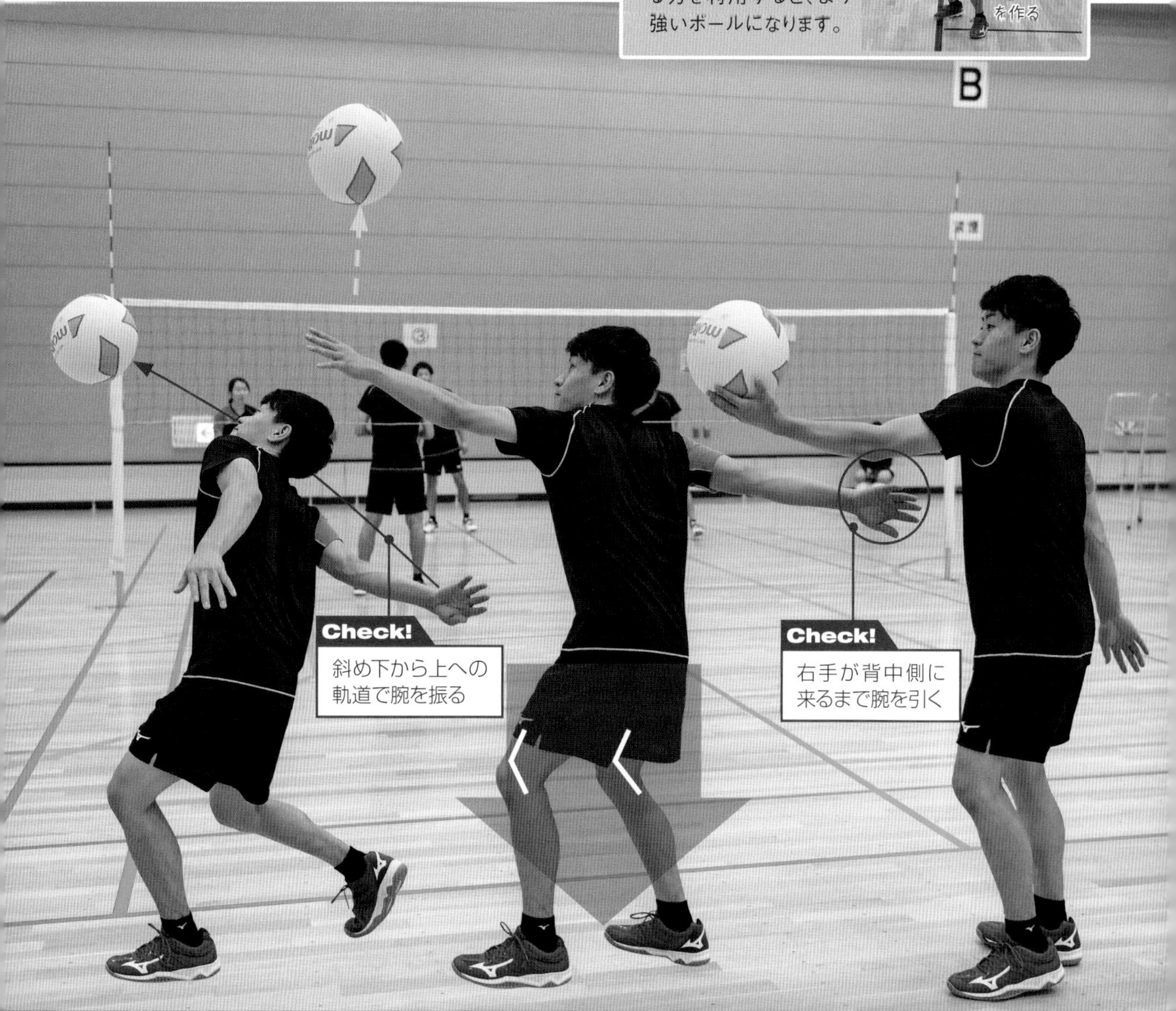
Check!
斜め下から上への
軌道で腕を振る
Check!
右手が背中側に
来るまで腕を引く

3 左足に重心を移動しながら腕を振り出す

2 トスと同時に重心を下げ、右腕を引く

1 エンドラインと並行に構える

7 ドライブサーブ

頭上に高く上げたトスから、体全体を大きく使って打つのがドライブサーブ。打ち方としてはサイドハンドサーブの応用ともいえますが、全身の力を利用するという点では背面サーブに近いサーブです。

サイドハンドサーブよりトスは高め。トスを上げる反動を利用して利き腕を下げて大きく振りかぶり、後ろから前への重心移動を使って、肩の真上あたりでボールの上部を強くヒットします。強いトップスピンがかかるため、ボールは相手レシーバーの手前で鋭く落ちる軌道を描きます。パワフルなボールを打つためには、軸となる左足にしっかり体重を乗せて振り抜くことが大切です。

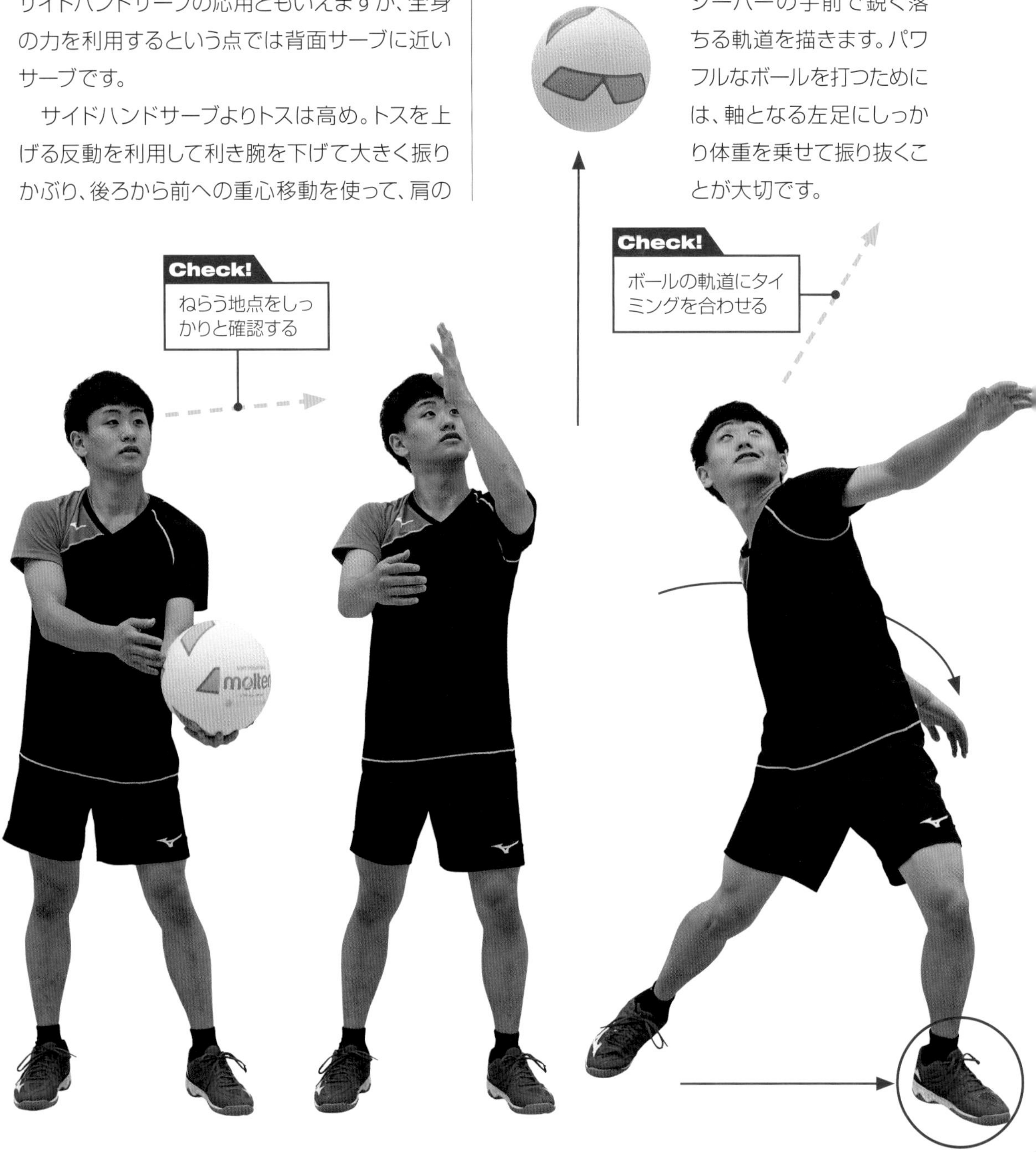

Check!
ねらう地点をしっかりと確認する

Check!
ボールの軌道にタイミングを合わせる

1 体の正面でボールを持って構える

2 真上に高くトス

3 左足を1歩踏み込みながら右腕を大きく引く

Point of Technique ココがポイント 上から手を巻きつけるように打つ

ボールを打つ側のひじはしっかりと伸ばしたまま、全身の力を使って大きく腕を振り下ろします。

手首を柔らかく使い、ボールの上から巻きつけるようにヒットするのがコツです。ボールにかかる回転が強ければ強いほど、ボールはすばやく落下します。

手首のスナップで、ボールに手のひらを巻きつける

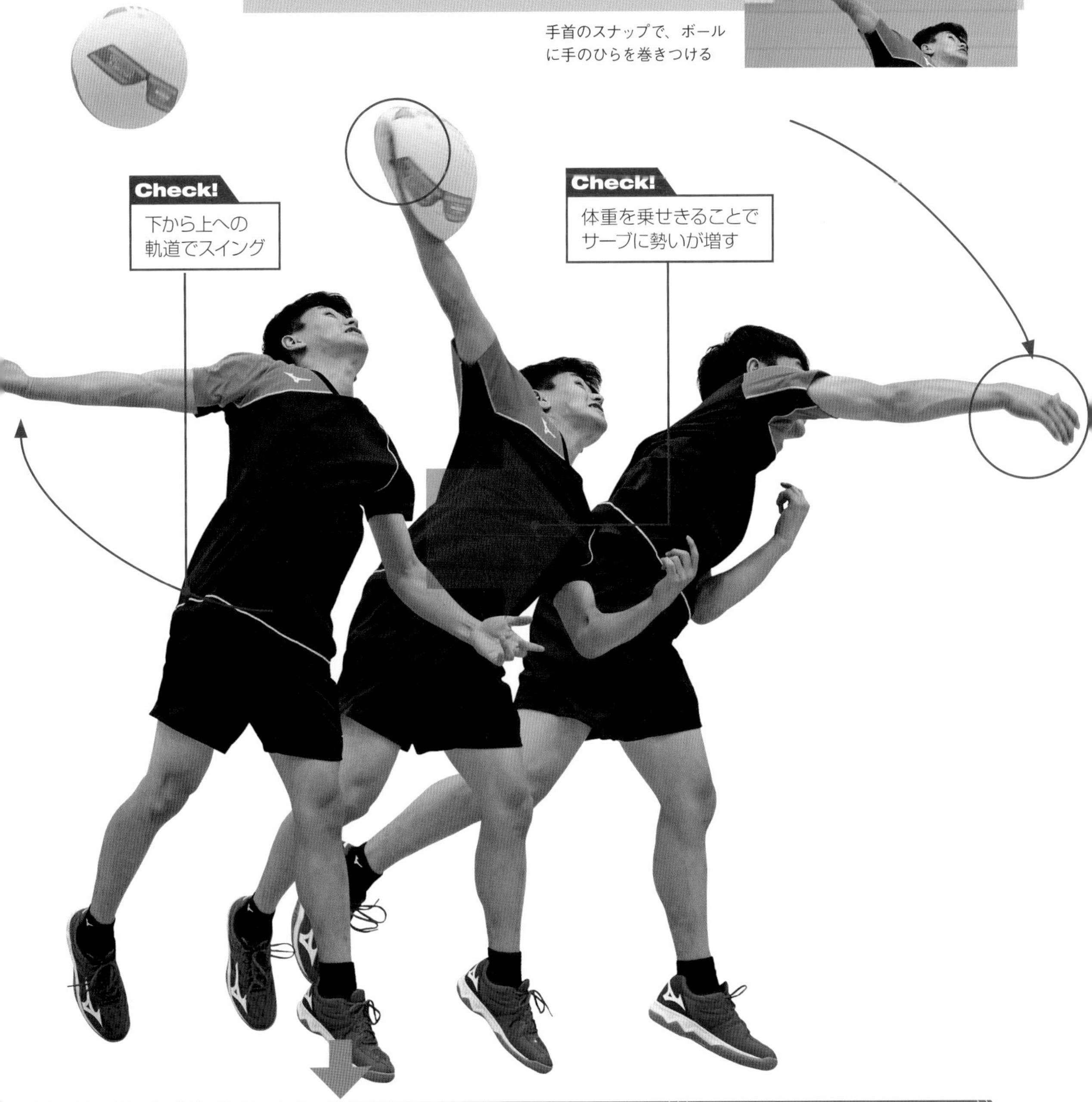

Check!
下から上への軌道でスイング

Check!
体重を乗せきることでサーブに勢いが増す

4 体重を前に移動させながら右腕を振り出す

5 手のひら全体でボールの上部をヒット

6 ねらった方向へ腕を振り抜く

サーブの練習法

Practice Method

初心者は、サーブを確実に相手コートに入れることが第1目標ですが、
コースをねらったフローターサーブや、ジャンプサーブでサービスエースがねらえるようになれば、
得点力は格段にアップします。練習によって確率の高い攻撃的なサーブを身につけましょう

◆サーブのトス練習

サーブの生命線ともいえるトス。トスのよしあしでサーブの良否が決まるといってもいいほど、トスは重要な技術とえます。そこで、トスの正確性を高めるための第一歩として、トスの高さを一定にする練習を行いましょう

まず、自分がベストな状態で打てる高さのトスを上げ、その頂点を目視します。そして、壁などにその高さの印をつけ、常にそこに頂点が来るようにボールを上げる練習を行います。ボールを打つ必要はないので、狭い場所でも練習が可能。シャドースイングを加えるとより効果的です。

壁につけた目印の高さに頂点が来るよう、トスを上げる練習をする

◆高さに変化をつける練習

サーブの練習は壁を使って行うことができます。より実戦に近い練習をするため、ネットの高さに相当する床から2mの位置にテープなどを貼ってラインを引き、その上にサーブのねらい目を示す印をつけておきます。

印より高いところにボールが当たれば、その分だけサーブが長い証拠。どれくらいの高さに打てば、実際のコートではどこにボールが落ちるのかという確認のための目安にします。

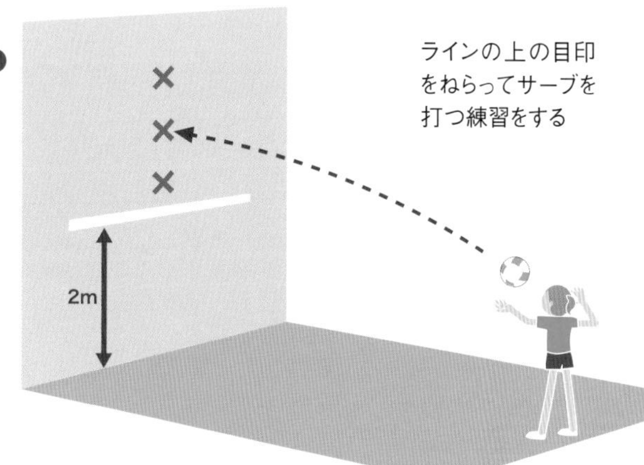

ラインの上の目印をねらってサーブを打つ練習をする

◆コントロールを高める練習

ネットの白帯から50〜60cm上を目安にして、両端のアンテナを結んだゴムを張り、そこに目標物となる紙を1m間隔でつるします。そして、その紙（または紙と紙との間）をねらってサーブを打つ練習をします。

はじめのうちはエンドラインよりもかなり前から行い、ねらったところに打てるようになったら、徐々にネットまでの距離を伸ばしていきます。相手コートまでの距離感と正確なコントロールをつかむための練習です。

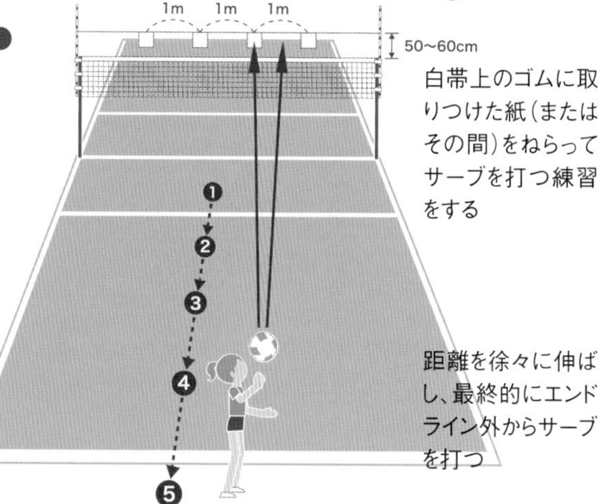

白帯上のゴムに取りつけた紙（またはその間）をねらってサーブを打つ練習をする

距離を徐々に伸ばし、最終的にエンドライン外からサーブを打つ

Lesson 6

戦術とゲームプラン

Tactics & gameplan

フォーメーション
欠点を克服するゲーム練習
ゲームプラン

1 フォーメーション

● サーブのねらい所とは

サーブは、基本的にはオフェンスと位置付けられていますが、最初の攻撃でもある重要なプレーです。

速さや威力のあるサーブが効果的なのはいうまでもありませんが、高くてゆっくりとしたボールで「間」を作り、相手が返球する前にこちらの守備を整えておくというのも作戦のひとつとなります。

ターゲットエリアやプレーヤーをしっかりと決め、確実にボールを実行することが第一です。

サーブのねらい所

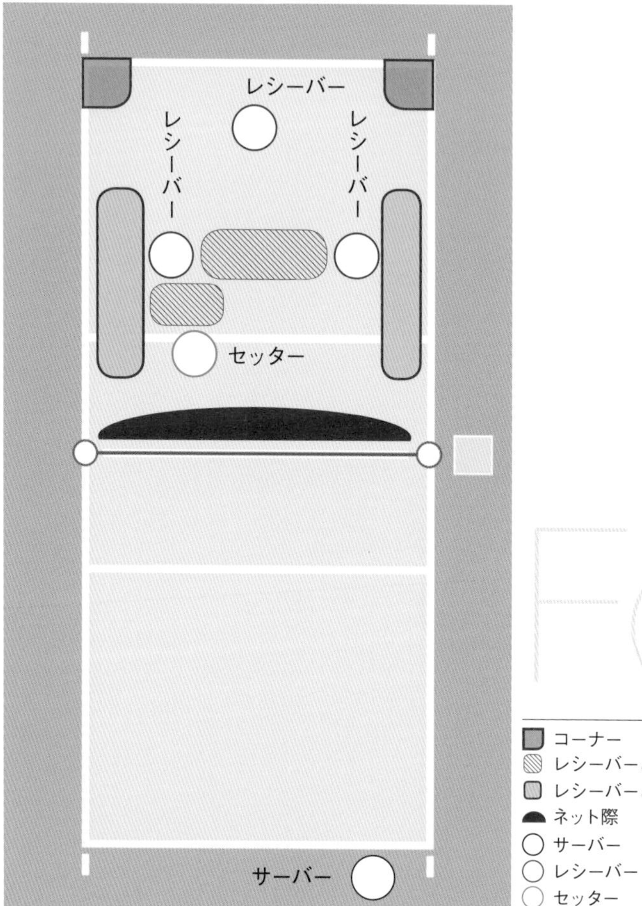

相手にとって「ここにボールが来たら拾いにくいな」と思われる場所をねらう。コントロール力が求められる。

サーブの戦術

攻撃力という点では、チーム全員が違う種類のサーブを打つのが理想。そして、さらに1人の選手が同じフォームから異なるサーブを打つ、いわゆるハイブリッドサーブを打てればベストです。複数のサーブを組み合わせることで相手を攻略しやすくなります。

●サーブレシーブのフォーメーション

サーブレシーブを担当するのは、セッター1人を除いた3人というのが一般的ですが、その大半は両サイドの2人の選手が対応します。そのため、両サイドの選手はサーブレシーブをしたらすばやく攻撃の体勢に移らなければいけません。

レシーブを受けたからいいというのではなく、すべての選手が攻撃に参加する意識をもつことが重要です。

もう一人の選手は、後方で二人のレシーバーをカバーする役割とボールジャッジを担当します（もちろんレシーブすることもある）。

サーブレシーブのフォーメーション

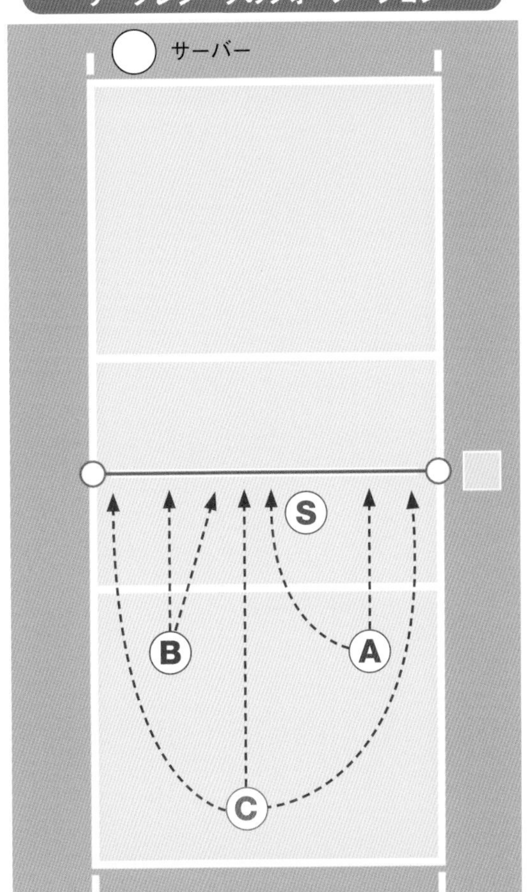

- - ▶ プレーヤーの動き
Ⓐ サーブレシーブを行う基本の選手。スパイカーにもなる
Ⓒ 後方の選手。レシーブカバーとボールジャッジ。スパイカーにもなる
Ⓑ サーブレシーブを行う基本の選手。スパイカーにもなる
Ⓢ セッター

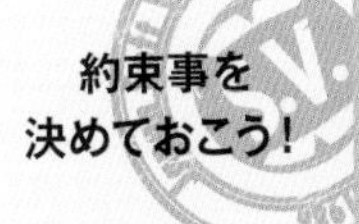

約束事を決めておこう！

サーブレシーブで難しいのは、2人の選手の中間に落ちたボールの扱い方。細かな状況を設定し、ケースごとにだれがレシーブをするのかをあらかじめ決めておきましょう。ゆずり合いや接触を防ぐ意味でも重要なポイントです。

●サーブレシーブからのアタック①

相手ブロッカーと相手コートをよく見る習慣をつけることが大切。ブロッカーがどこで跳んで来るのか、人数は1人なのか2人なのか、相手コートのどこに空きがあるのかをしっかりと観察しましょう。

スパイクは強打だけで決まるわけではなく、フェイントなども効果的に織りまぜる必要があります。

相手の心理を読み、すきをつくことは不可欠です。サーブレシーブから攻撃する場合、第一のねらい目はサーブを打った選手がブロックを行うためにネット際に戻るときです。ブロックの準備ができる前に、そこからできるだけ早く攻撃することが大切です。セッターのツーアタックを含めて、4人全員が攻撃ができると優位にゲームを進行することができます。

サーブレシーブからの攻撃

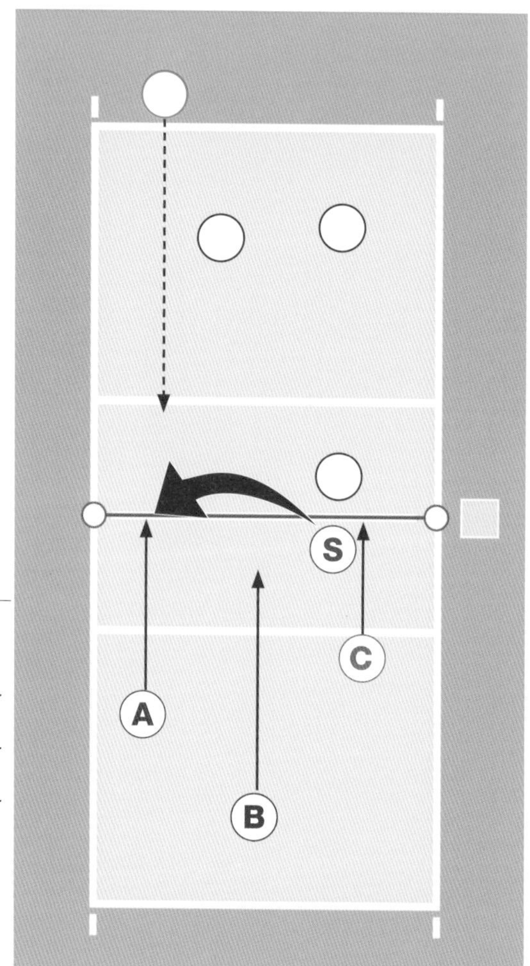

○ 相手チームの選手
○ 相手チームのサーバー
Ⓢ 自分のチームのセッター
Ⓐ 自分のチームのレシーブorスパイクを打てる選手
Ⓑ 自分のチームのレシーブorスパイクを打てる選手
Ⓒ 自分のチームのレシーブorスパイクを打てる選手
→ スパイクを打つための助走ルート
- → 相手チームのサーバーがブロックに跳ぶために戻るルート
➡ トスを上げるボール

●サーブレシーブからのアタック②

サーブレシーブしたボールをトスにし、サイドのスパイカーに上げれば、ツー攻撃になります。さらに、そこから逆サイドにトスを上げて攻撃させるという戦術がソフトバレーボール では一般的です。

1本目のレシーブをトスにしてのツー攻撃

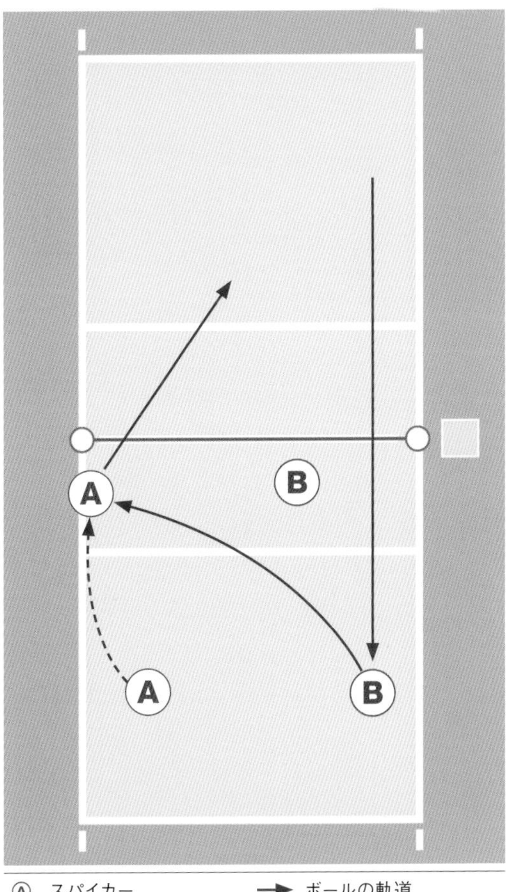

Ⓐ スパイカー　　→ ボールの軌道
Ⓑ レシーバー兼セッター　　- -→ プレイヤーの動き

アウト・オブ・ポジション

サーブレシーブは正しい位置で行わないと「アウト・オブ・ポジション」の反則を取られます。前後左右とも味方選手同士の位置関係を守らなければならず、サーブを打つ場合、サーバー以外はコートの外に出てもいけません。

ポジションは選手の足の位置で判定されるので、しっかりと確認しておきましょう。

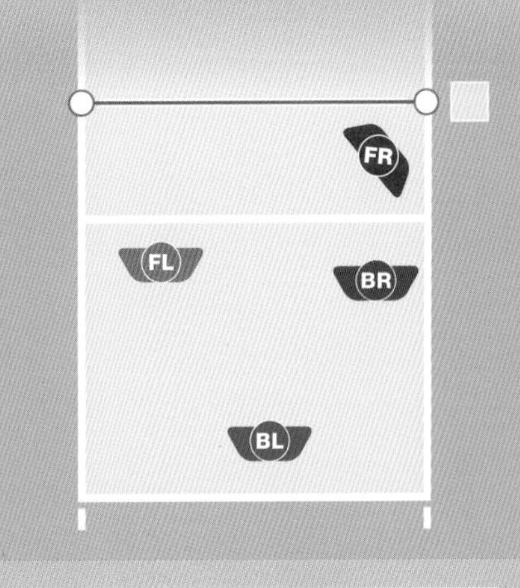

FR フロントライト　BR バックライト
FL フロントレフト　BL バックレフト

●ブロックの基本

ソフトバレーボールはサーブを打った後、ポジションがフリーになります。フロント2枚、バック2枚のスタートポジションから、1～3枚の複数でブロックフォーメーションを形成できるのも大きな特徴です。

自分たちの持ち味や、相手の攻撃パターンに合わせて、ブロックに跳ぶ人数を決めるといいでしょう。

基本は2枚ブロック

一般的なブロックの枚数は2枚が基本です。フェイント主体のチームなら、1枚ブロックでも対応可能ですが、強烈なスパイクで攻めてくるチームに対しては、常時2枚で対応するのが原則で、場合によっては3枚で対応することもあります。

男女混成チームの場合、男性選手がブロックに入るのが一般的ですが、女性選手もできるようになっておくのが理想です。

右ブロッカーの役割

ラリー中は2人のブロッカーのうち、ライト側の選手がセッターに入ります。ブロックから着地したらすばやくセッターとしての準備に入り、レシーブが上がったら、瞬時にボールの落下地点に入って攻撃を展開します。バックでレシーブしていた選手がアタッカーとして参加することで、切り返しの攻撃力が増します。

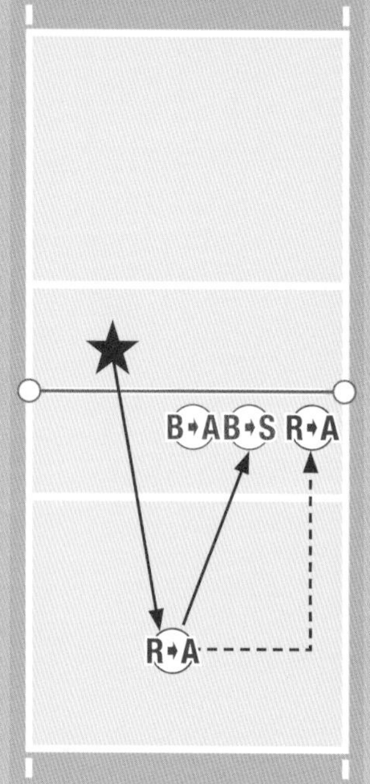

→ボールの軌道　- →プレイヤーの動き
★ 相手スパイカー
B•A ブロッカーからアタッカーへ
B•S ブロッカーからセッターへ
R•A レシーバーからアタッカーへ

●ブロック&レシーブ

ブロックは"守備の要"ではありますが、後ろで守るレシーバーとの連携が取れていなければ、鉄壁なディフェンスは成立しません。

大切なのはブロッカーとレシーバーの位置関係。ブロッカーが相手のスパイクのコースを限定し、抜けて来たボールをレシーバーが拾う----この鉄則を貫ければ、守備が大きく崩れることはまずないといえます。

強打のレシーブ

直線的にボールが飛んで来る強打は、ブロッカーの影にならないところで構えるのが原則です。レシーバーは相手アタッカーと、味方ブロッカーの動きをよく観察してポジションを取りましょう。

フェイントに備えて、アタッカーの手元をよく見ておくことも忘れてはいけません。

ネット際のレシーブ

味方がレシーブしたボールが、自チーム側のネットに当たった場合は、落下点をいち早く見極め、すばやくボールの下に入ります。

手のひらを上に向け、ボールをすくい上げるようにレシーブしましょう。どの角度でネットに当たったら、どの角度にボールが落ちてくるかを、練習でしっかりと確認しておくことが大切です。

目指せ！オールラウンドプレーヤー

ネットが低いソフトバレーボールは、機動力あふれる攻撃を仕掛けられることが利点。

アタックラインもなく、サーブを打った後は決まったポジションや定位置もありません。

したがって、チーム全員がスパイカーであり、セッターもレシーバーも務めることができるのがベスト。

強いチームになるためには、チーム全員がオールラウンドプレーヤーになることが大切な要素です。

Block & Receive

2 欠点を克服するゲーム練習

● 課題ゲームによる練習

単に4対4のゲーム練習をやっているだけでは、チーム力は向上しません。自分が克服すべき課題を明確にしてゲーム練習を行うことでチーム力は向上します。

たとえば、前の試合でクイックが機能しなかった場合、そんなときは「クイックが決まったときは2点」というように条件をつけます。そうすると、ゲーム中に意識してクイックを使うようになります。

このように、一つのプレーに重点をおいて行うゲームを「課題ゲーム」といいます。

例

・クイックが決まったら------------------------- 2点
・ブロックポイント------------------------------ 2点
・ノータッチサービスエース --------------------- 3点
・サービスポイント ----------------------------- 2点
・ブロックアウト-------------------------------- 2点
・フェイントでのポイント ----------------------- 2点
など

● アウトゾーンを設定した練習

アウトゾーンを設定し、例えコート内でもそこにボールが落ちたら失点とします。

3対3など通常よりも少ない人数で練習試合をするときは、レシーバーが入りそうな位置をアウトゾーンに設定して行います。

少ない人数でも実戦的な練習が可能になります。

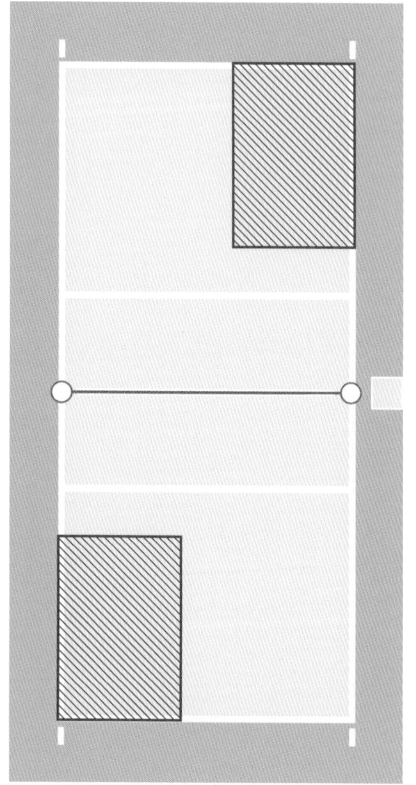

アウトゾーン

Overcoming the

●ポイントゾーンを設定した練習

アウトゾーンとは逆に、エンドラインの近くやコートの隅など得点になりやすい場所にポイントゾーンを決め、そこにボールが落ちたら得点を2点に設定してゲームを行います。

少ない人数で練習ゲームをするときに有効で、相手コートの狭いスペースを積極的にねらえる力がつくようになります。

コートの角はポイントゾーン

●少人数でのゲーム練習

3対3や2対2など、少人数で練習ゲームを行います。

ボールに触る機会を増やしてさまざまな技術を身につけさせるとともに、運動量も多くなるので、スタミナをつける練習にもなります。縦や横にコートを区切って行ってもかまいません。

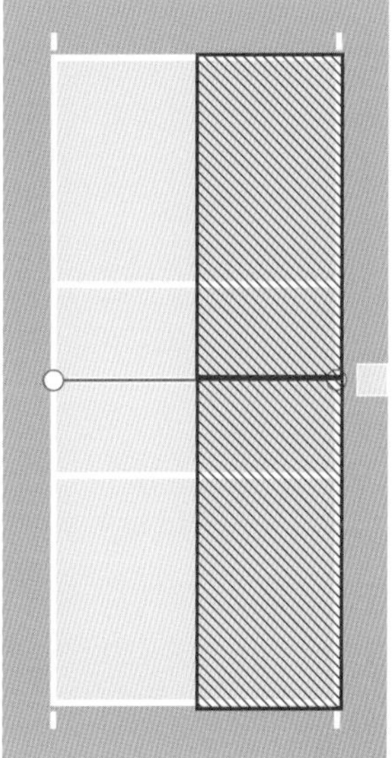

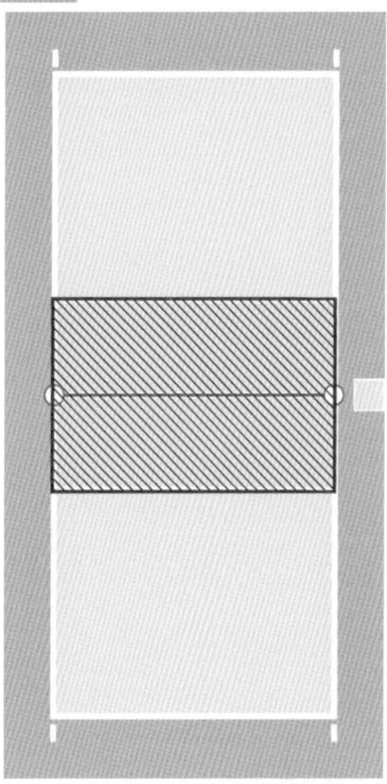

コートを区切って行う

drawbacks

3 ゲームプラン

●タイムアウトを有効に使う

タイムアウトは1回30秒で、1セットにつき2回取ることができます。

相手に連続得点を奪われたときなど、試合のリズムを変えたいときに審判に要求しましょう。

相手がタイムアウトを取ったときは、監督は何も言わず、選手だけで話をさせるのも良いでしょう。

自分たちがタイムアウトを取ったときは、監督やリーダーが短い言葉で適切なアドバイスをします。

なお、1度に2回分、60秒のタイムアウトを要求することもできます。

●メンバーチェンジでリズムを変える

1セットに4回（4人）のメンバーチェンジができます。

ただし、1度コートを退いた選手は、同一選手との交代しか認められません。

メンバーチェンジを行う目的はさまざまで、戦術的なメンバーチェンジのほか、2回のタイムアウトを全て取ってしまった後に、自チームの立て直しのためにメンバーチェンジを行うこともあります。

ソフトバレーボールは1試合につき、ベンチ入りメンバーも含めて最大8人の登録が可能です。

リリーフサーバー、リリーフレシーバー、リリーフブロッカーを積極的に使い、全員で戦う体勢を整えておくことが大切です。

●スカウティングで作戦を立てる

スカウティングとは、相手チームを分析し、自分たちの試合に生かすことをいいます。

試合前に相手の練習を観察することもスカウティングのひとつです。攻撃の中心はどの選手なのか、だれがどのコースにスパイクを打っているか、などを実際に見て確認しておきます。

相手チームの攻撃と守備の特徴、そして強みと弱みを把握しておくと、優位に試合を進めることができます。

Lesson 7

ストレッチ&トレーニング

Stretch & Training

ストレッチ
トレーニング

1 ケガの予防と柔軟性のアップに役立つストレッチ

どんなスポーツでもコートに着くなりすぐにプレーを開始したのでは、
十分なパフォーマンスを発揮できないだけでなく、思わぬケガにつながることこともあります。
ここでは、ケガの予防やパフォーマンスアップに役立つストレッチ法をレクチャーします。
練習開始前のウォームアップだけでなく、練習後のクールダウンとしてとり入れれば、
疲労回復にも効果があります。

（記載されている回数はあくまでも目安です。ご自分の体調を考慮し、回数は調整してください）

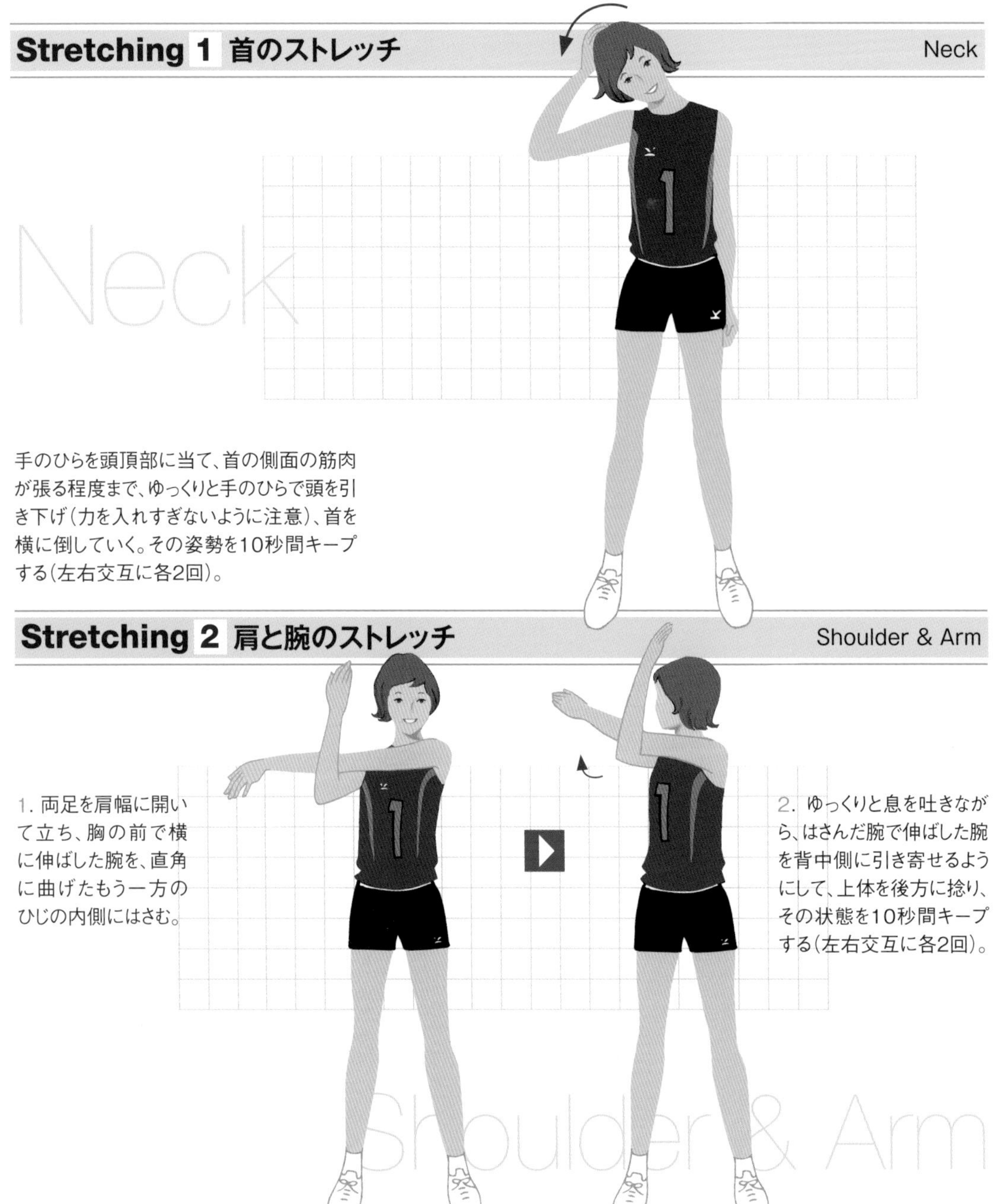

Stretching 1 首のストレッチ Neck

手のひらを頭頂部に当て、首の側面の筋肉が張る程度まで、ゆっくりと手のひらで頭を引き下げ（力を入れすぎないように注意）、首を横に倒していく。その姿勢を10秒間キープする（左右交互に各2回）。

Stretching 2 肩と腕のストレッチ Shoulder & Arm

1. 両足を肩幅に開いて立ち、胸の前で横に伸ばした腕を、直角に曲げたもう一方のひじの内側にはさむ。

2. ゆっくりと息を吐きながら、はさんだ腕で伸ばした腕を背中側に引き寄せるようにして、上体を後方に捻り、その状態を10秒間キープする（左右交互に各2回）。

Stretching 3 肩甲骨周りのストレッチ

Shoulder blade

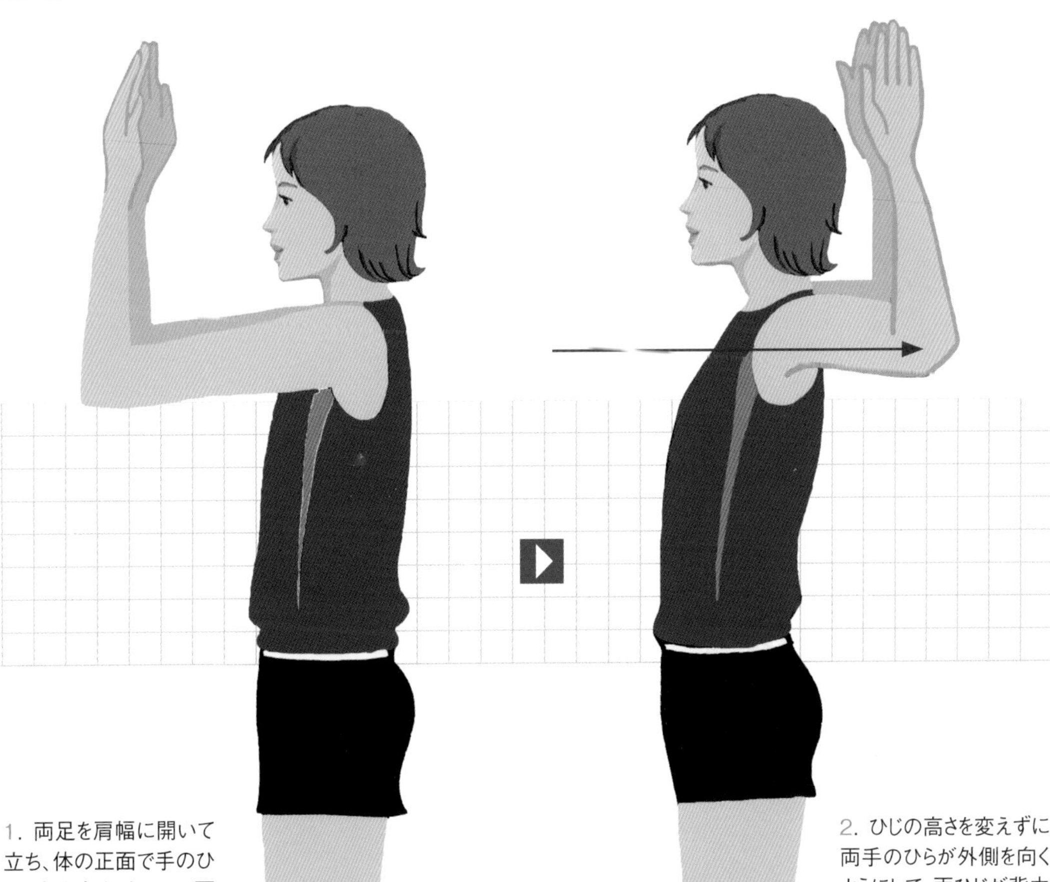

1. 両足を肩幅に開いて立ち、体の正面で手のひらが顔を向くようにして両ひじを着け（肩甲骨を開く）、肩の高さで両ひじを90°に曲げる。

2. ひじの高さを変えずに両手のひらが外側を向くようにして、両ひじが背中側に来るまで、ゆっくりと肩甲骨を引きつけ、その姿勢を5秒間キープする（4回）。

Shoulder blade

Stretching 4 腰と臀部のストレッチ Waist & Hip

1. 両肩とひじが床面に着くように両腕を横に伸ばし、仰向けに横になる。

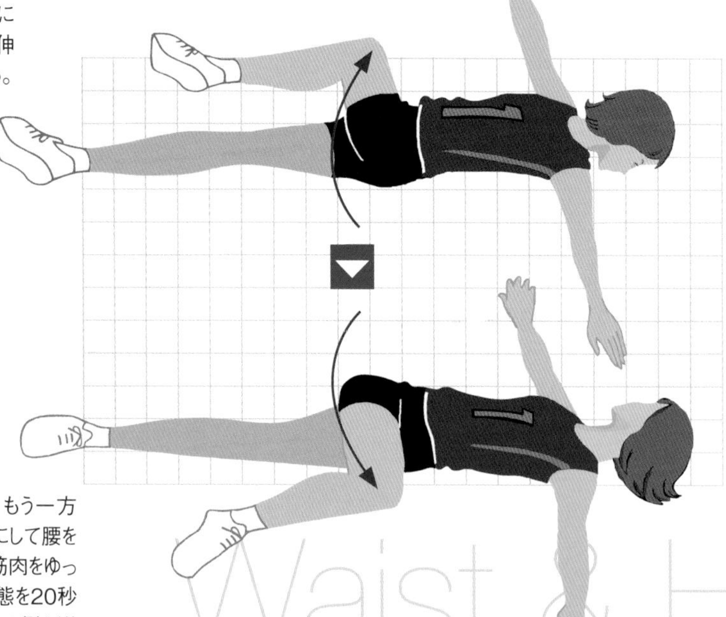

2. ヒザを曲げた足を、もう一方の足に交差させるようにして腰を横に捻り、お尻周りの筋肉をゆっくりと伸ばして、その状態を20秒間キープする。顔は捻る側と逆に向ける(左右交互に各2回)。

Stretching 5 股関節のストレッチ Hip joint

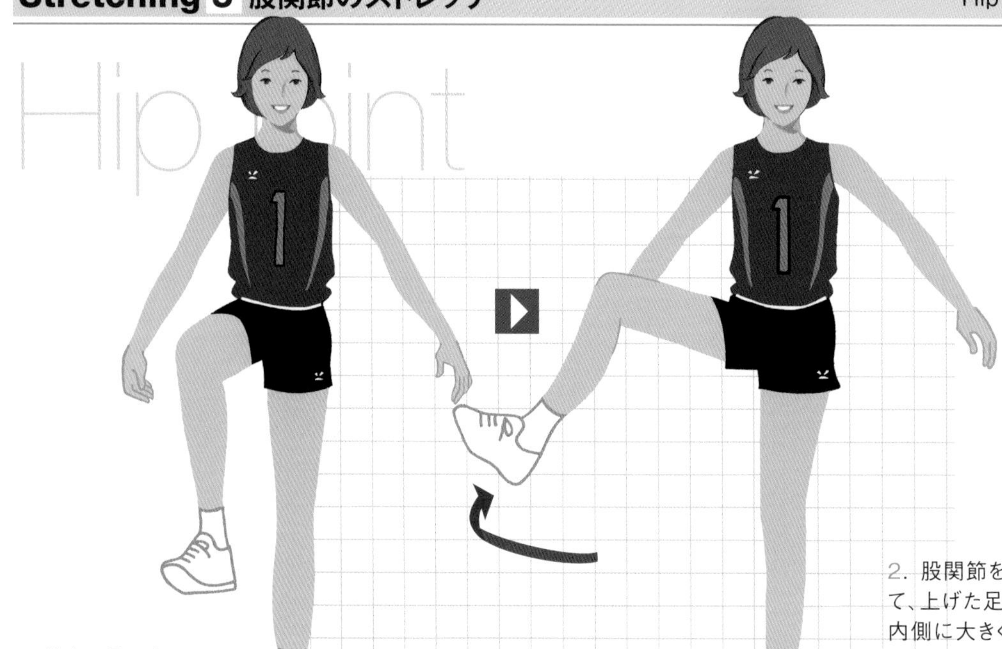

1. 片方の足の大腿部が床面と平行になるようにヒザを曲げて立つ。

2. 股関節を支点として、上げた足を外側と内側に大きく(外旋&内旋)10回ずつ回す。イスの背などにつかまって行ってもよい(左右交互に各5回)。

Stretching 6 ふくらはぎのストレッチ Calf

足を広めに前後に開いて立ち、後ろの足のかかとが浮かないように注意して、前の足に体重をかけ、ゆっくりと後ろの足のふくらはぎを伸はし、その状態を10秒問キープする(左右交互に各3回)。

Stretching 7 太もものストレッチ　Thigh

1. 片足を伸ばし、もう一方の足はヒザを曲げた状態で両手を後ろに着いて床に座る。

2. 曲げたほうのヒザが床面から浮かないように注意して、背中が床に着くまで上体をゆっくりと後方に倒し、その状態を20秒間キープする（左右交互に各2回）。

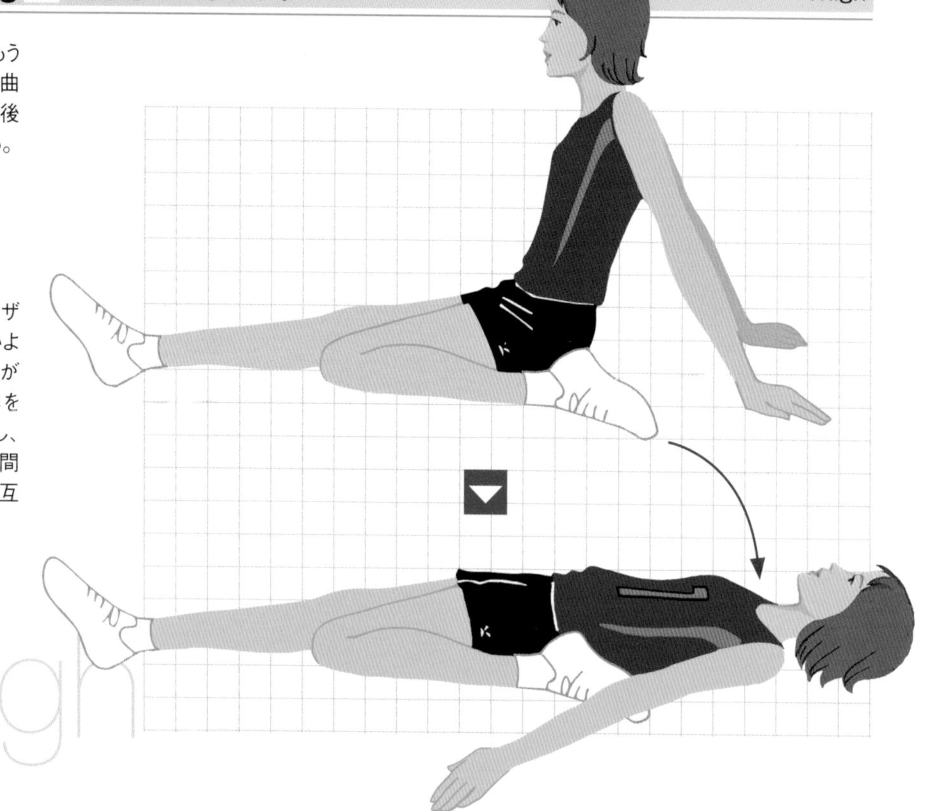

Stretching 8 足首とアキレス腱のストレッチ　Ankle & Achilles' tendon

片方のヒザを立てて座り、両手で立てたヒザを抱えるようにして、ゆっくりと上体を前に倒していく。立てた足のかかとが浮かないように注意しながら、親指の付け根部分に体重を乗せてアキレス腱をしっかりと伸ばし、その状態を10秒間キープする（左右交互に各3回）。

2 プレーのパフォーマンスを高めるトレーニング

パワフルなスパイクや、攻撃力のあるサーブを身につけるためには、
やはりある程度の筋力アップは必要。特に、ジャンプサーブなど空中での姿勢が良否を左右する技術には、
体幹を鍛えるトレーニングが不可欠です。ここで紹介する方法は、
空いた時間に自宅でも行える種目ばかりなので、
積極的に取り組んで試合でのパフォーマンス向上につなげていきましょう。

Muscles training 1 腹筋のトレーニング① Abdominal muscle

1. 両手足を大の字に開き、床に仰向けに横になる。

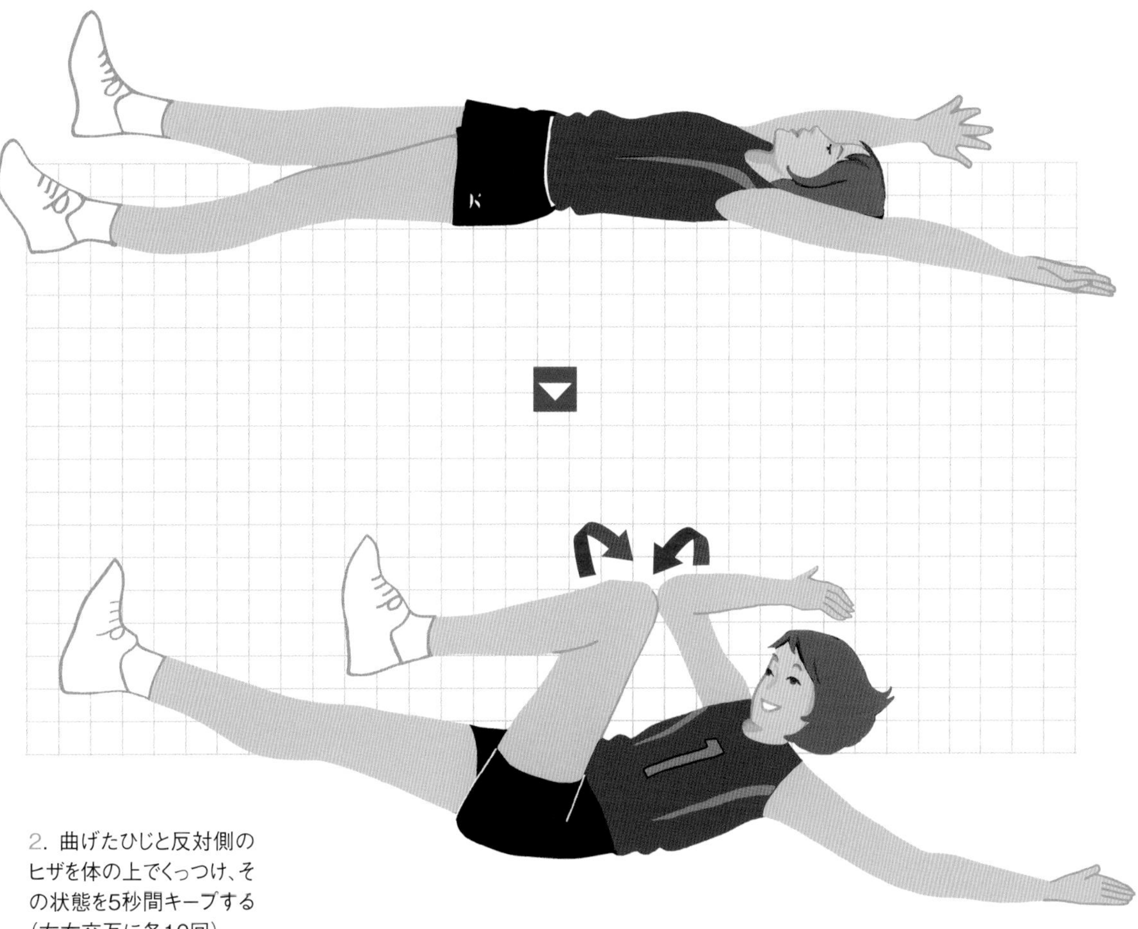

2. 曲げたひじと反対側のヒザを体の上でくっつけ、その状態を5秒間キープする（左右交互に各10回）。

Abdominal muscle

Muscles training 2 腹筋のトレーニング② Abdominal muscle

1.両手、両足を真っすぐに伸ばし、仰向けで床に横になる。

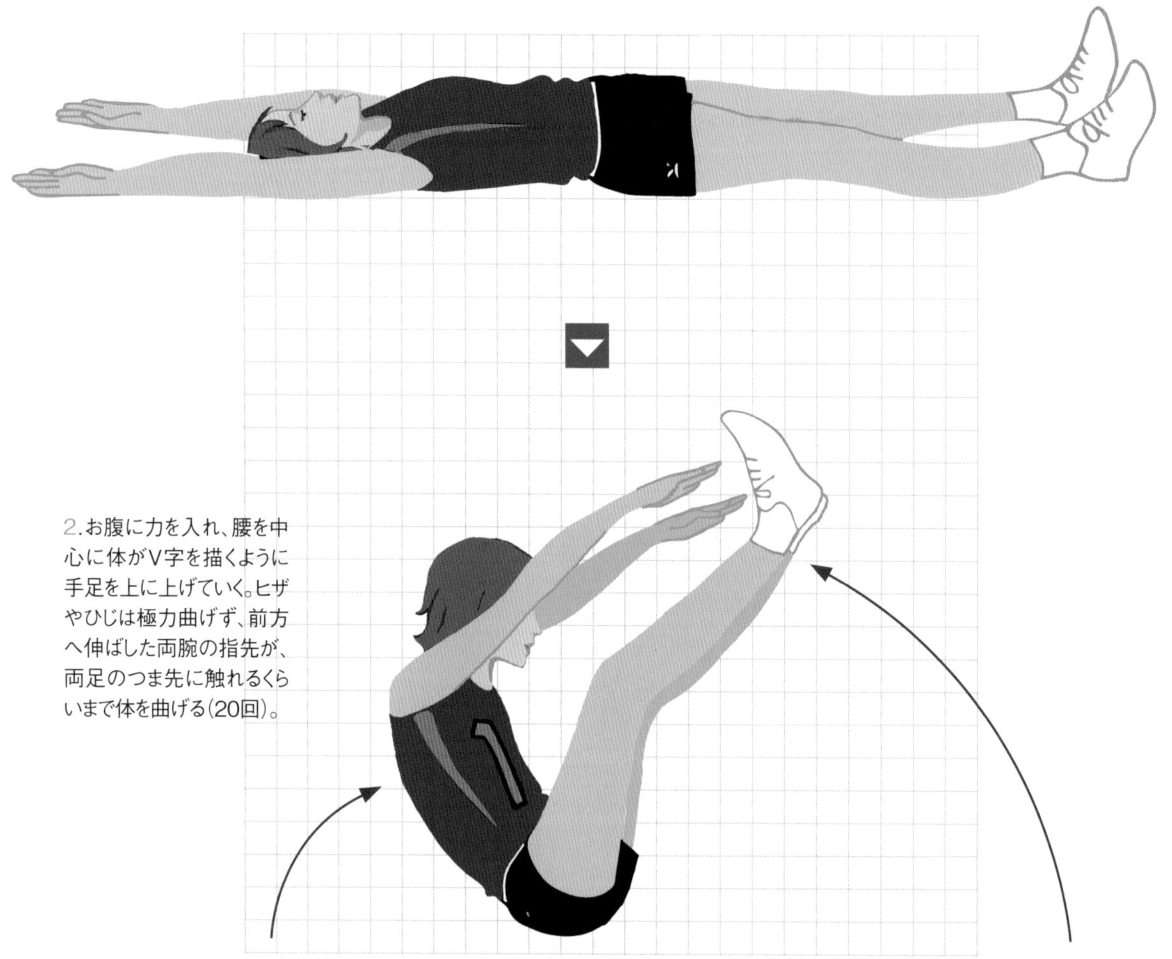

2.お腹に力を入れ、腰を中心に体がV字を描くように手足を上に上げていく。ヒザやひじは極力曲げず、前方へ伸ばした両腕の指先が、両足のつま先に触れるくらいまで体を曲げる(20回)。

Abdominal muscle

Muscles training 3 腹筋のトレーニング③　Abdominal muscle

1.両ヒザをそろえて立て、両肩が床面に着くように仰向けで横になる。

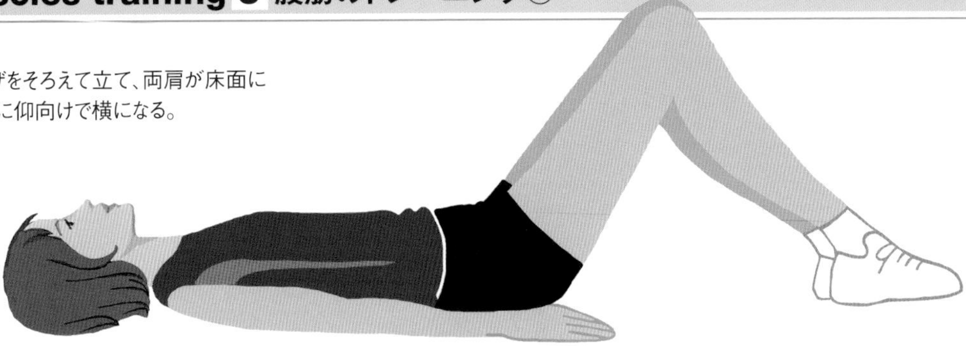

2.両足を浮かせ、両肩が床面から離れないように注意して腰を捻り、ヒザをゆっくりと左右に倒していく（15回×3）。

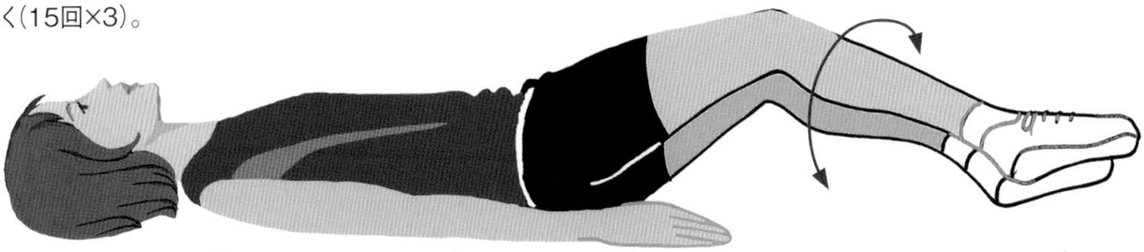

Abdominal muscle

Muscles training 4 背筋のトレーニング　Back muscle

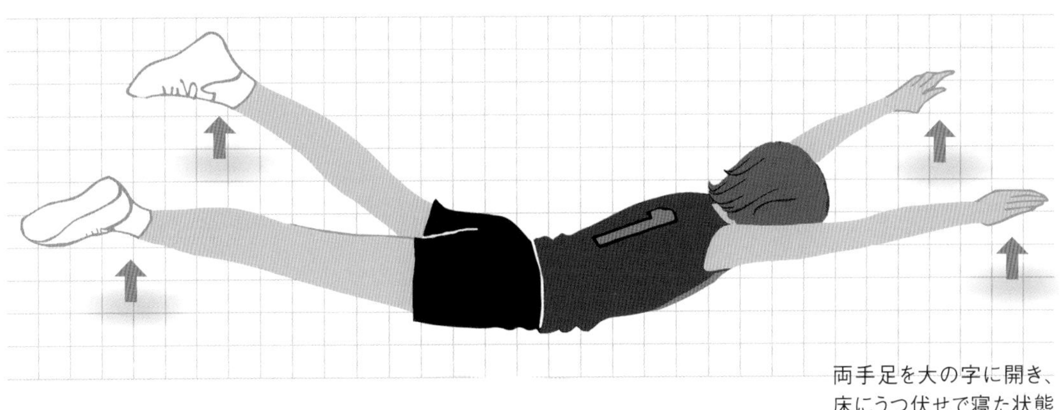

両手足を大の字に開き、床にうつ伏せで寝た状態から背中に力を入れて体を反り、両手足を浮かして2～3秒キープする（20回）。

Back muscle

Muscles training 5 股関節&太もものトレーニング① Hip joint & Thigh

壁に両手を着いて立ち、背筋を伸ばした姿勢から片方の足を後ろに大きく上げ、ゆっくりと戻す。これを連続して20回繰り返す(左右交互に各3セット)。

Muscles training 6 股関節&太もものトレーニング② Hip joint & Thigh

1.両足をそろえ、手を腰に当てて立つ。

2.つま先を前に向けたまま、片方の足を大きく横に開く。背中を反ったり、逆に猫背になったりしないように注意。

3.逆の足は元の位置にキープしたまま、開いたほうのヒザを曲げて腰を深く落とし、再び1の姿勢に戻る（左右交互に各10回）。

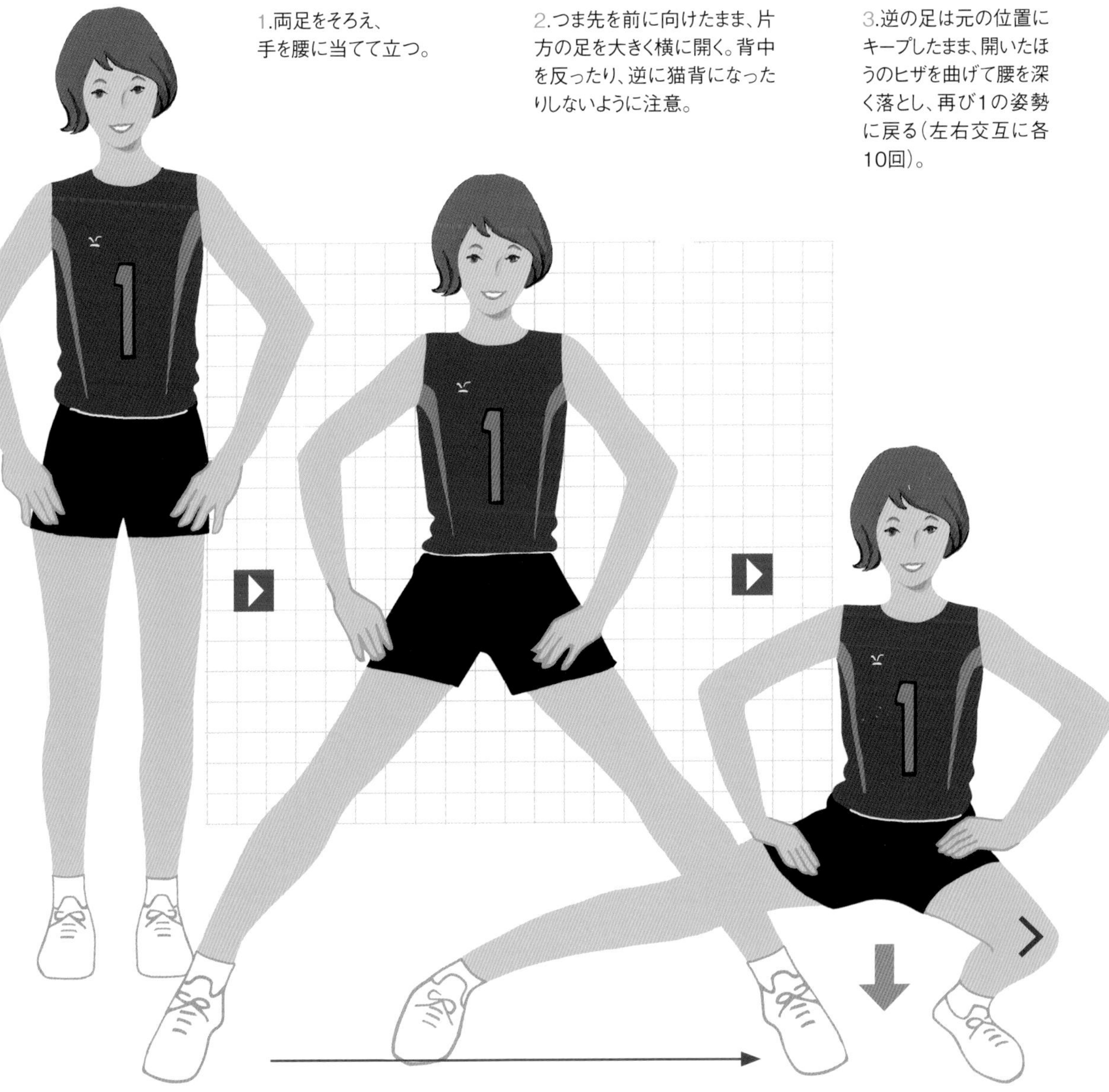

Hip joint & Thigh

Muscles training 7 股関節&太もものトレーニング③ Hip joint & Thigh

1. 直立した姿勢から、片足を1歩大きく前に踏み出す。

2. 踏み出した足に体重をかけながらヒザを曲げ、腰を深く落とす。上体は常に床面と垂直にキープする。

3. 上体を床面と垂直にキープしたまま、曲げた足の太ももに力を入れて立ち上がり、逆側の足を踏み出して1に続けて行く。(左右交互に20回)。

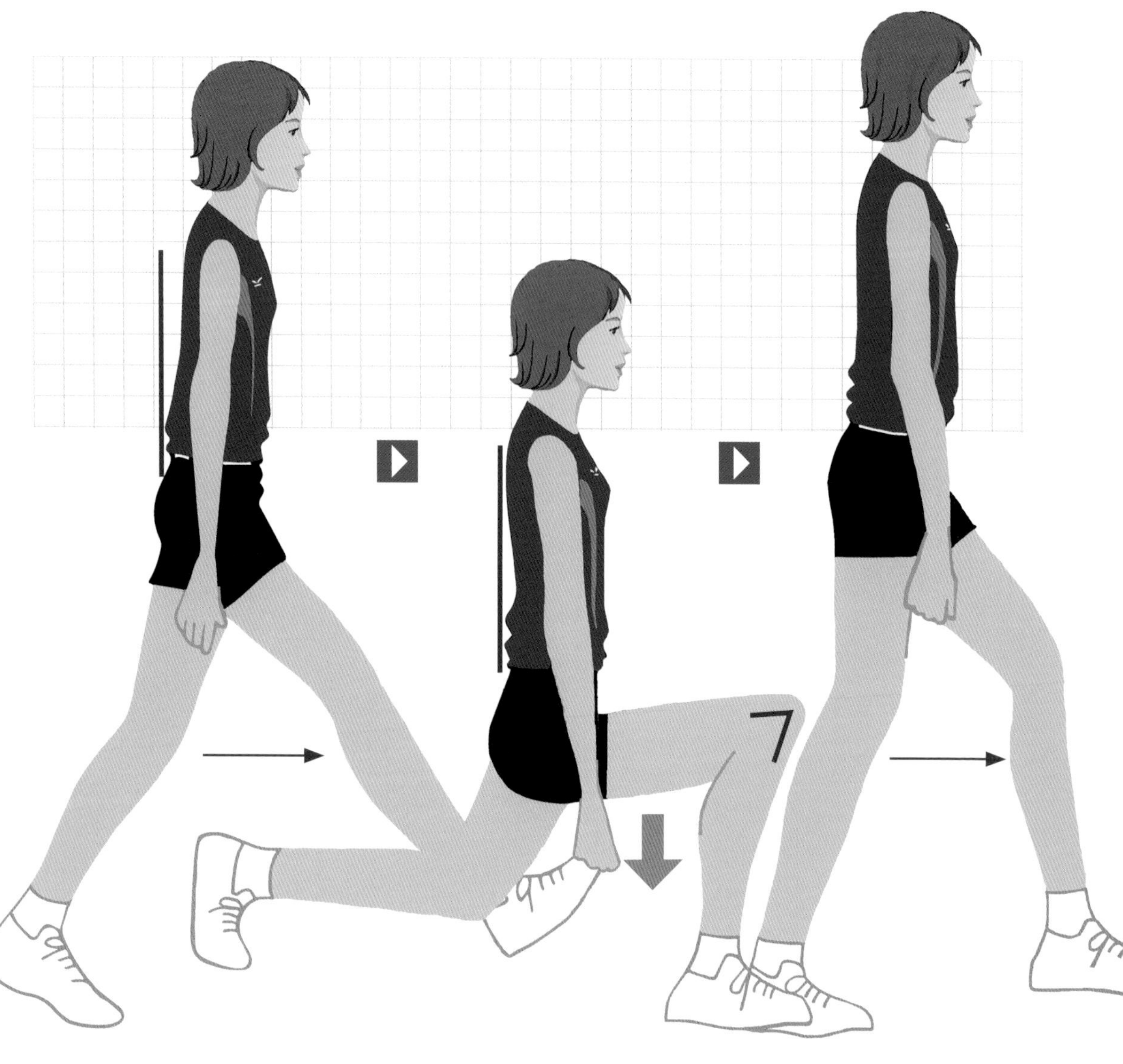

Hip joint &Thigh

Muscles training 8 股関節&太もものトレーニング④ Hip joint & Thigh

1. 足を肩幅よりやや広めに開き、両つま先を逆ハの字に開いて立って、両手を頭の後ろで組む。

2. 上体を傾けずに、ヒザを90°になるまで曲げて腰を深く落とし、ゆっくりと1の状態に戻す（連続20回）。

Muscles training 9 ふくらはぎのトレーニング Calf

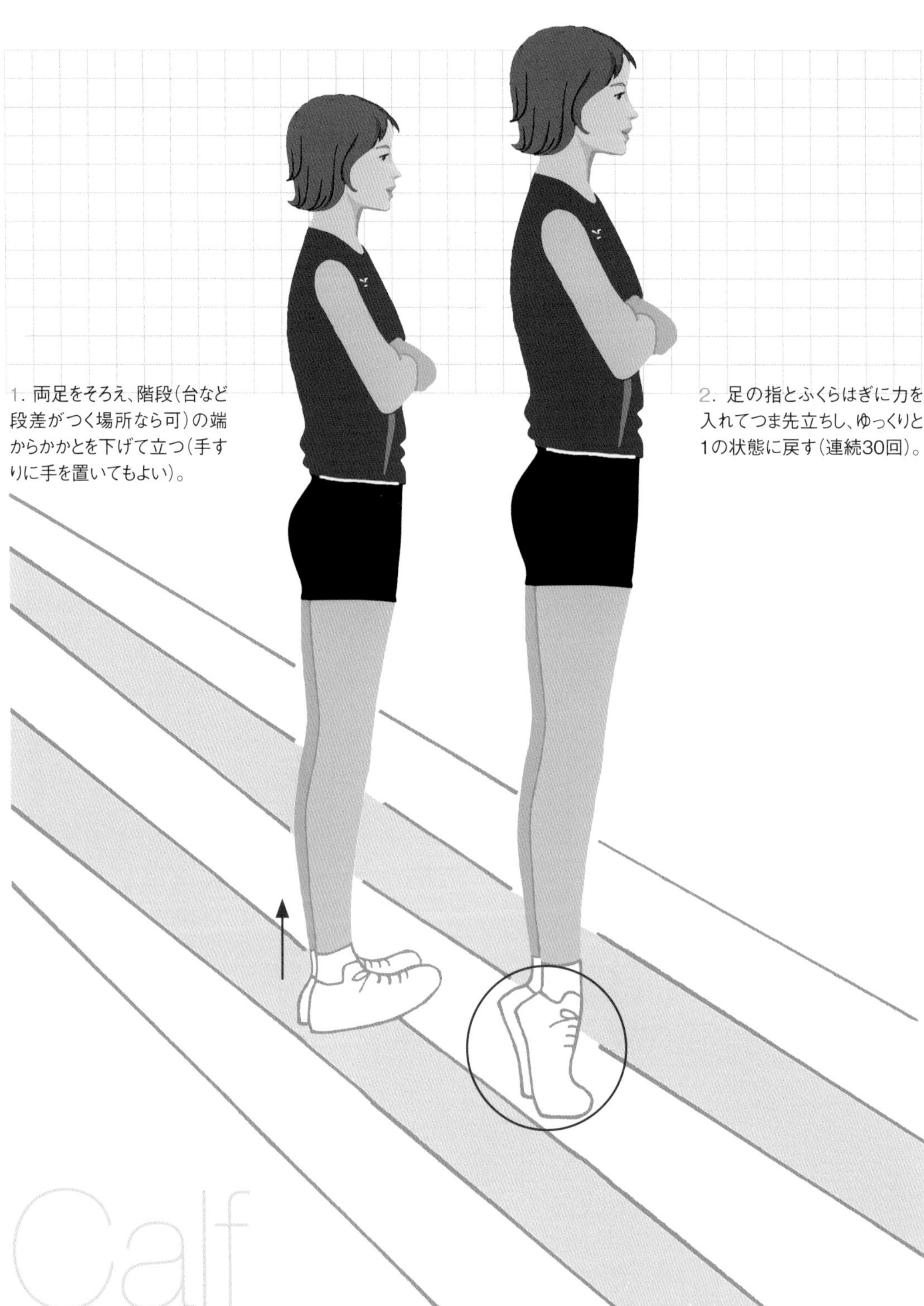

1. 両足をそろえ、階段（台など段差がつく場所なら可）の端からかかとを下げて立つ（手すりに手を置いてもよい）。

2. 足の指とふくらはぎに力を入れてつま先立ちし、ゆっくりと1の状態に戻す（連続30回）。

Lesson 8

プレーの進行と基本ルール

Play progress & Basic rule

プレーの進行
プレーの基本ルール
審判員のハンドシグナル
審判員の任務と役割
用語解説

1 プレーの進行

ここでは簡単に競技の進め方を説明します。
試合をするうえで必要最低限の知識ですので、初心者でも
これだけは必ず頭に入れておきましょう。

●試合の開始

主審のホイッスルでゲームはスタートします。サーブは主審がホイッスルを吹いてから打ち、ホイッスル前に打ってしまうと打ち直しとなります。サーブのトスは1度しかできません。

●返球の回数

相手コートに最大3回のボールタッチで返球しなければなりません。ただし、ブロックの回数は1回にカウントされません。また、自チームの2人が同時にボールに触れた場合は1回にカウントされます。

●タイムアウト

タイムアウトは各チーム1回30秒間。1セットにつき2回のタイムアウトが与えられています。また、タイムアウトは連続して要求することも可能です。

●ポジションとローテーション

ポジションは4つのエリアに大別されています。フロントのレフトとライト、バックのレフトとライトです。サービス権を取ったら、時計回りにローテーション(位置の移動)し、バックのライトになった選手がサーバーとなります。サーブ後は、どのように移動してもよく、プレー上の制限もありません。

●得点と勝敗

1セット15点先取の3セットマッチで競われます。ラリーポイント制が採用されており、2セット先取したチームの勝利となります。14対14でジュースになった場合は、2点差がつくまでゲームは続行され、16対16になったときは、先に17点目を取ったチームが勝者となります。

●チェンジコート

1セットごとにコートはチェンジされます。1対1のタイになった場合、3セット目の開始はトス(ジャンケンなど)でコートの選択を行い、どちらかのチームが8点を取った段階で再びチェンジコートとなります。

●選手交代

1セットにつき4回の選手交代が認められます。一度交代してコートを退いた選手でも再度コートへ戻ることが可能ですが、その場合は、交代した選手同士しか認められません。試合中に選手が負傷した場合は、ベンチに控えている選手と交代ができます。万一、控えの選手が交代の権利を失っていたり、交代回数をすべて使ってしまっていた場合は、原則として正規の交代はできませんが、一部例外も認められています(年代や性別などの条件がつく)。

Play progress

2 プレーの基本ルール

●アウトオブポジション

サーブが打たれた瞬間に、サーバーを除いた両チームの選手がコート外に出ていたり、コート内の正しい位置にいなかった場合は「アウトオブポジション」の反則となります。判定は図のように構えた足の位置で決められます。

フロントとバックの位置関係
レフトはレフト、ライトはライト同士でバックの選手の足がフロントの選手と並ぶか、前に出ていると反則となる。

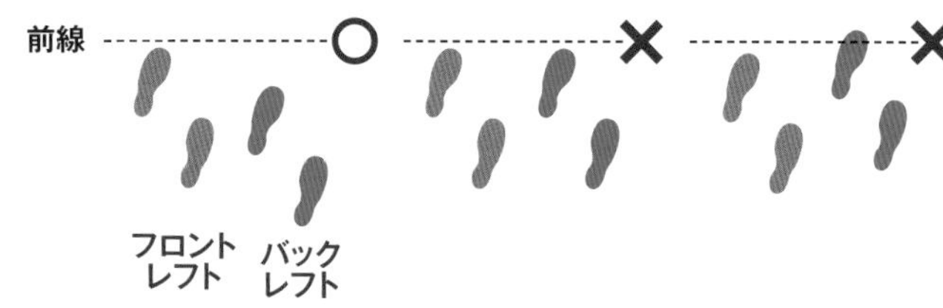

レフトとライトの位置関係
両サイドの関係では、フロントはフロント、バックはバック同士で本来守るべき位置の選手より、もう1人の選手がサイドライン寄りに位置していると反則となる。

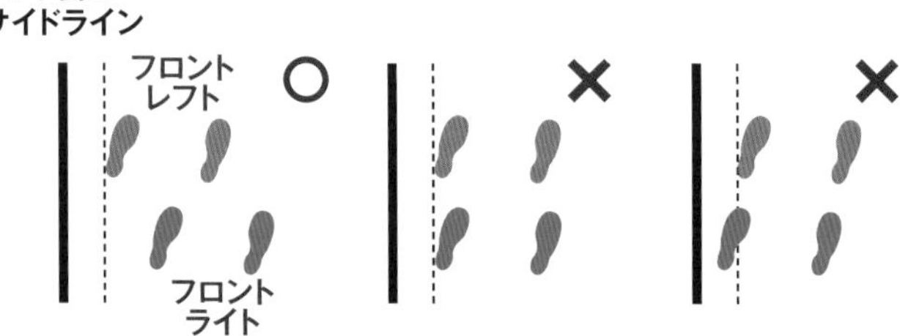

●ボールのイン・アウト

落下したボールがコート内の床面およびラインに接触していれば、そのボールはインとなる。自チームがプレーしたボールが、相手コート内でその状態になった場合は、自チームの得点となり、自チームのコート内であった場合は、相手の得点となる。

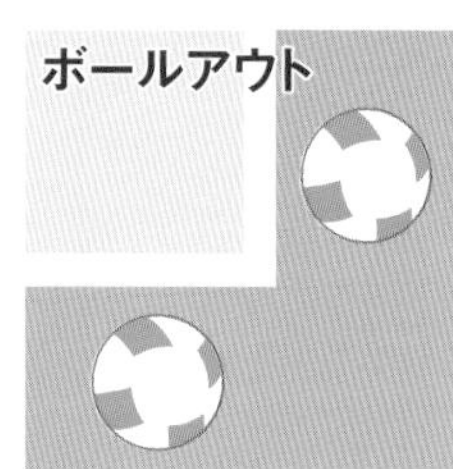

●アンテナ付近のイン・アウト

ボールが両サイドのアンテナに触れたり、アンテナの上方や外側にボールの一部でもかかったり、通過した場合はアウトとなります。

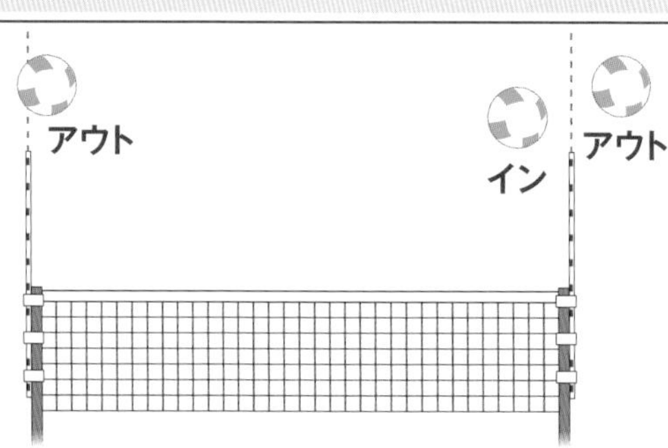

●パッシング・ザ・センターライン

プレー中に足や腕、頭など体の一部分がセンターラインを越えて相手チームのコートに触れた場合、パッシング・ザ・センターラインの反則となります。

●ホールディング

プレー中に動いているボールをつかんだり、体の一部でボールの動きを止めてしまった場合は、ホールディングの反則となります。

●オーバーネット

ネットを越えて、相手コート内にあるボールに触れると、オーバーネットの反則となります。オーバーネットか否かはボールと手（体）の接触点で判定されます。

オーバーネットの判定

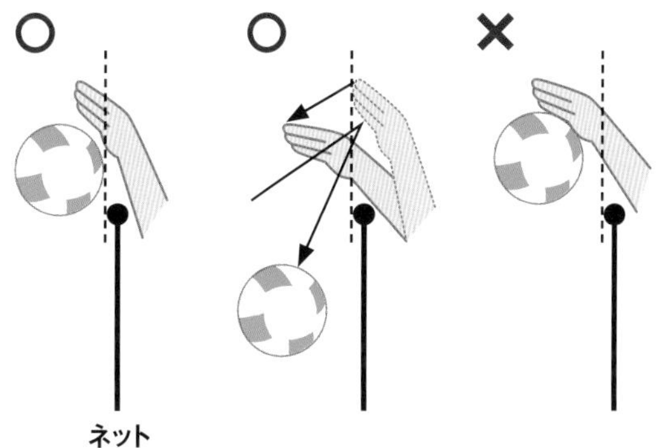

●ドリブル

ブロックを除き、同一選手が明らかに2度続けてボールに触れると、ドリブルの反則となります。

●アタック・ヒット

ソフトバレーボールは「サーブ後はどこを守ってもよい」という考えを採用しているため、プレー中だれでもアタックやブロックが可能です。ただし、相手のサーブをネットより完全に高い位置からダイレクトで返すのは、アタック・ヒットの反則となります。

●タッチネット

プレー中に手や体の一部がネットやアンテナに触れると、タッチネットの反則となります。ただし、相手のボールがネットに打ち込まれたことが原因であった場合は、反則とはなりません。

●不法な行為

相手チームや審判などに対して暴言を吐いたり、相手のプレーを妨害した場合は、ゲームキャプテンを通じて口頭注意が与えられます。その後、繰り返して行われた場合は反則をとられる場合もあります。

3 審判員のハンドシグナル

日本ソフトバレーボール連盟では「相互審判制度」を導入しており、市民交流大会などでは、参加選手がそれぞれ協力して審判を行っています。ハンドシグナルは審判員になる人だけでなく、プレーする選手にとっても重要な知識の一つですから、必ず覚えておくようにしてください。全部で23種類ですから、意外とすぐに覚えられるはずです。

1 サービス時にボールをヒットしなかった

片手を前方下側に伸ばし、手のひらを上に向けて腕を上げる

2 ドリブル

片手を上げ、指で「2」を表示する

3 ホールディング

片方の手のひらを上に向けてすくい上げる

4 アタック・ヒットの反則

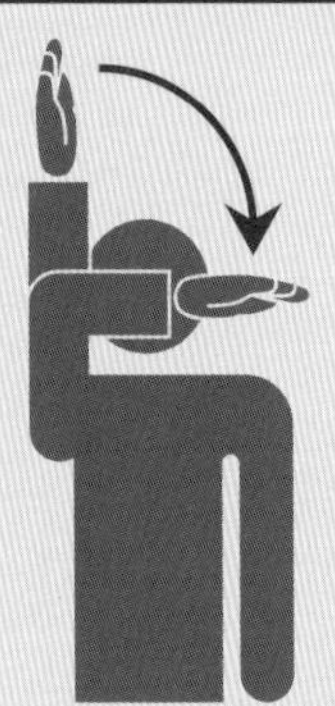

片手を上に伸ばし、手のひらを頭上側へと振り下ろす

5 パッシング・ザ・センターライン
（ネット下方の空間をボールが完全に通過したと場合も同じ）

片手でセンターラインを指す

6 フット・フォールト

人差し指で足元を指す

7 アウト・オブ・ポジション

片手の人差し指を下方に向け、円を描く

8 チェンジコート

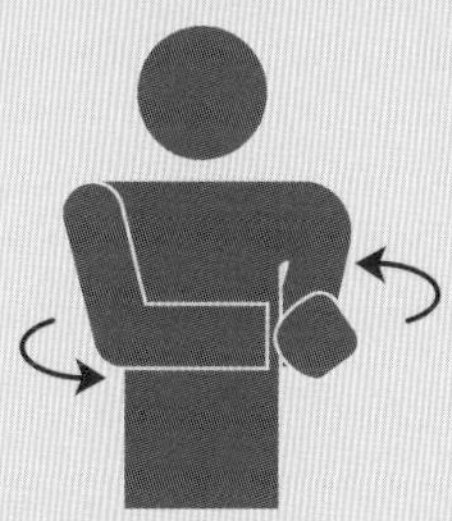

両ひじを曲げ、右腕は後ろから前に、左腕は前から後ろへ、弧を描きながら回す

9 ブロックの反則

両手を上げ、手のひらを前方に向ける

10 セットおよび試合の終了

両方の手のひらを自分に向け、胸のあたりで両腕をクロスさせる

11 サービス許可

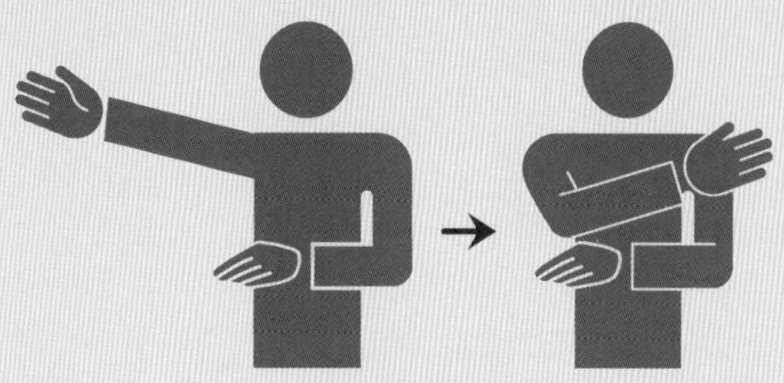

サービスの方向を手で示す

12 選手交代

体の前で両手の前腕部を回す

13 ダブル・ファウル(ノーカウント)

両手の親指を立てて両腕を上げる

14 ボール・イン

片方手のひらでフロアーを指す

15 ボール・アウト

両手のひらを自分に向け、両手を上げる

16 オーバー・ネット

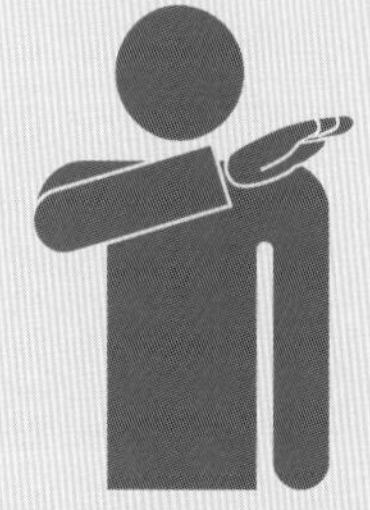

ネットの上に片手をかざす

17 ワンタッチ

片方の手のひらを自分に向け、その指先をもう一方の手でブラシをかけるように前後させる

18 タイム・アウト

片方の手のひらを開いて指先をそろえ、ひじを曲げて体の内側に向ける。反対側の手のひらは横にして、T字形をつくる

19 オーバー・タイムス

片腕を上げ、指で4を表示する

20 ポイント

サービスするチームサイドの腕を肩の高さまで上げる

21 サービスのボールがネットに触れ、ネットを越えないとき

サービス側のネット面を手で触れる

22 サービスのボールがネット上部に触れて相手コートに入ったとき

サービス側の手でネットの上部を触る

23 タッチ・ネット

反則を犯した側のネットを片手で触る

4 審判員の任務と役割

ソフトバレーボールでは交流試合の場合、参加チーム同士がお互いにゲームの審判を行うことになっており、試合では以下の要員が必要となります。

●必要な要員数

主審…… 1名	線審…… 2名
副審…… 1名	点示員…… 1〜2名
記録員…… 1名	

主審

主審は、試合中コート全体が見渡せる高さの審判台の上に立ち、ルールに則って試合の進行を促します。主審には選手や役員に対して裁定を下す、最高の権限が与えられていると同時に、どのような状況にあってもでも、不公平のないように大会を運営する責務があります。

●主審の主な役割

・コートや用具の点検
・サーブ権とコート選択の決定
・ウォームアップのコントロール
・サービス順の確認
・ポジションの反則確認
・ボールプレーの反則確認
・ネット上方の反則確認
ほか

副審

主審とは反対側の支柱付近に位置し、主審をサポートするのが副審です。タイムアウトやメンバーチェンジなどの要求に対してジャッジするとともに、時間や回数などを、その都度管理します。試合中は、主審を補佐して反則の判定を行います。

●副審の主な役割

・アウト・オブ・ポジションの確認
・各セット前にポジショニング確認
・タイムアウトの時間と回数確認
・選手交代の許可と回数確認
・ネットに触れた場合の反則確認
・副審側のアンテナに触れた場合の反則確認
・支柱の外側をボールが通過したかどうかの確認
・相手コートへの侵入確認
・ネット下方空間でのプレー妨害確認
ほか

記録員

副審の背後に設置された記録席に座り、得点の記録や選手交代の回数などを記録するのが記録員です。試合およびセットの開始前に、ラインアップ・シートを受け取り、記録用紙に必要事項を記入します。試合中は、両チームの得点を記録し、点示板の表示が正しいか確認します。両チームのタイム・アウトおよび選手交代の回数を記録します。各セットの終了時や、第3セットでコートの交替時を合図します。

●記録員の主な役割

・記録用紙記入
・得点の記録
・タイムアウトや選手交代の回数の記録
・点示板の確認
・コート交替の合図
・サービス順のコントロール
ほか

線審

ネットに向かって左側のコート両隅から0.5〜1メートルくらい離れた位置に立ち、サーバーがエンド・ラインを踏んだかどうか、またボールのアウト、インなどをジャッジするのが線審です。

●線審の主な役割

・ラインに関する反則のジャッジ
・ボールとアンテナの接触
ほか

点示員

公式記録に従って、両チームの得点を表示するのが点示員です。点示板は主審からよく見える位置に設置します（大きな点示板を置くスペースがない場合は、卓上点示板で代用します）。

●点示員の主な役割

・得点の表示
ほか

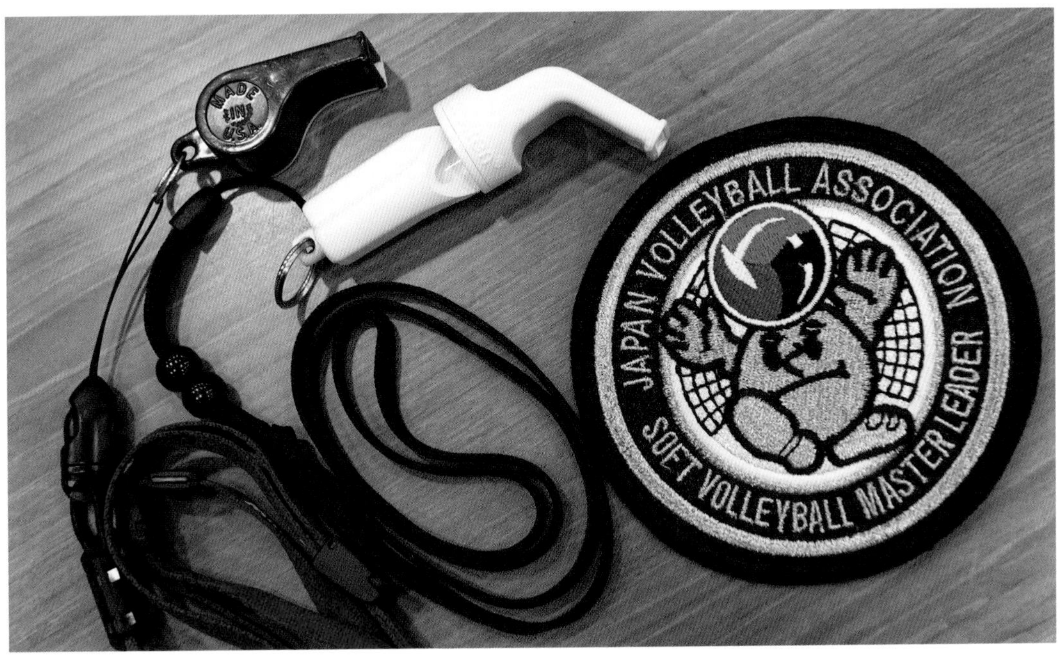

用語解説

ここで解説する用語は、ソフトバレーボールをプレーする上で必要な基本用語です。
試合など競技中に頻繁に使われるものばかりなので、
しっかりと頭に入れておきましょう

ア

アウト・オブ・バウンズ
ボールがコート外の床や物に触れること。

アウト・オブ・ポジション
サーバーがボールを打った瞬間に、サーバーを除く両チームの選手が、それぞれのコート内でローテーション順に位置していなかった場合の反則。

アタッカー
アタックを打つ選手のこと。

アタック
相手コートへボールを返球する行為の総称。

アンダーハンドパス
主に腰から下の低いボールを、平手または組み手で上げるパス。

アンダーハンドレシーブ
相手の返球を平手または組み手で受けるレシーブ法。

アンテナ
ネットの支柱に取り付けられる棒。紅白の縞模様に塗られ、白帯の上部から1m以上出るように設置される。

イ

インナー
相手の逆サイド方向へ、ネットに対して浅い角度で打ち込むスパイク。

インプレー
サーブが打たれてから、得点や反則でひとつのプレーが終了するまでのボールの状態。

ウ

ウォーミングアップ
プレーを開始する前の準備運動。

エ

エース
サーブが直接相手コートに落ちること。サービスエースともいう。また、主力となるアタッカーを指す場合もある。

エンドライン
コートを囲む線のうち、ネットと平行に引かれた両サイド後方の線。

オ

オーバータイムス
ブロックでの接触を除き、自コート内でのボールの接触が3回を超えた場合の反則。

オーバーネット
手がネットを越えて、相手コート内のボールに触れた場合の反則。

オーバーハンドパス
主に胸から上のボールを両手のひらや指で

上げるパス。

オーバーハンドレシーブ
相手の返球を手のひらや指で受けるレシーブ法。

オープンスパイク
アタッカーがネットの左右のサイドから打つ基本的なスパイク。

ク

クイック攻撃
相手のブロックをかわす目的で、アタッカーとセッターが連携して行う速攻。トスの距離によって、A、B、Cのパターンがある。

クロス
相手コートの対角線方向へ打つスパイク。

クロスブロック
ジャンプ後に腕を斜めに曲げたり、ジャンプを斜めに跳んでボールを止めるブロック法。

コ

コンビネーション
アタッカーとセッターの連携プレーのこと。

コーナー
コートの四隅。

サ

サイドアウト
サーブ権が移動すること。

サイドハンドサーブ
低めのトスから、体の横でボールをヒットするサーブ法。

サイドライン
コートを囲む線のうち、ネットと垂直に引かれた両サイドを結ぶ横の線。

サービスエース
サーブが直接相手コートに落ちること。エースともいう。

サーブ
ラリー開始前、相手コートへ向けて規定の位置からボールを打ち出すこと。

シ

支柱
センターラインとサイドラインの交差地点に立てられる、ネットを張る柱。

ショートサービスライン
小学4年生以下の児童がサーブを行う際に用いられるサービスライン。

ジャンプサーブ
高く跳び上がり、空中でボールを打つサーブ法。

助走
ボールを打つ地点まで走り込む動き。

シングルハンドトス
片手で上げるトス。

審判台
センターラインの延長線上に設けられた、主審が乗る台。

ス

ストレッチ
筋肉を伸ばす運動。プレーの前に行う柔軟体操。

ストレート
サイドラインと平行になるようなボールの軌道。

スナップ
手首を返す動作。
スパイク
ジャンプしてボールを相手コートに打ち込むアタック。
スライディングレシーブ
ボールの落下点へ滑り込んでボールを上げるレシーブ法。

セ

セッター
トス（セット）を上げることを専門に行う選手。
セット
味方にアタックを打たせるためのパス。セッターがボールを上げる「トス」の正式名称。
センターライン
ネットの真下で、左右のサイドラインを結び、コートを二分する線。

タ

体幹
体の中心となる部分。さまざまな動作の根幹となる筋肉。軸と同義。
ダイレクトスパイク
相手からの返球にレシーブ動作を加えずに、直接打ち込むスパイク。
タイムアウト
ルールで認められたゲームの中断。
タッチネット
プレー中にネットに触れる反則。

チ

チェンジコート
両チームがコートを入れ替わること。
チャンスボール
相手のミスなどで、自チームが有利になるように返球されたボール。

ト

トス
主にセッターがアタッカーに上げるボール。正式用語は「セット」。
ドライブサーブ
ボールに前回転をつけて打つサーブ。
ドリブル
ブロックでの接触を除き、同一選手が明らかに連続して2回以上ボールに触れた場合の反則。

ニ

2段トス
コート後方やコート外からアタッカーに上げるトス。「ハイセット」ともいう。

ネ

ネット
センターライン上に張られ、上方に白帯があるコートを二分するネット。
ネットイン
ネットに触れた後に相手コートに入ったボール。

ハ

バックトス
セッターが自分の背後に上げるトス。「バックセット」が正式名称。

パス
味方の選手にボールを送り出す動作の総称。

ハンドシグナル
審判員が手や腕で行う合図。

フ

ファウル
反則。

フェイント
相手のタイミングを外す目的で、通常のスパイクフォームのまま、緩いボールを打つ攻撃法。

フォーメーション
攻撃や守備の際に組む陣形。

ブロッカー
ネット際で相手のスパイクを防ぐ選手。

ブロック
相手のボールを止める行為。

ブロックアウト
スパイクしたボールが、相手ブロッカーの手に当たってコート外に出ること。

ヘ

平行トス
ネットと平行するように、長めに低い軌道でアタッカーに上げるトス。「平行セット」ともいう。

ホ

ポジション
選手の位置。

ホールディング
ボールへの接触で、明らかにボールが止まるようなプレーを行った場合の反則。

ラ

ラリー
ボールがコートに落ちずに続く打ち合い。

リ

リバウンド
アタッカーが、相手ブロッカーの手に意図的にボールを当て、自コートにボール戻すように仕向けること。

レ

レシーバー
相手のサーブやスパイクを受ける選手。

レシーブ
相手のサーブやスパイクを受けること。

ワ

ワンタッチ
ブロッカーやレシーバーの手や体にボールが触れること。

しっかり学んで絶対にうまくなる!
ソフトバレーボールの教科書
2020年2月1日　第1刷発行

■監修　日本ソフトバレーボール連盟
公式ホームページ https://www.japansoftvolleyball.com/
■編集　オフィス棟
■原稿　岩本勝暁／吉田亜衣／水谷　翔／山路洋子
■デザイン　伊東浩司／佐藤竜樹／鈴木　桜／山岸孝美＋マミアナグラフィックス
■イラスト　下山久美子／石倉里美
■写真　山田高央
■モデル　東海大学札幌校舎バレーボール部
■撮影協力　ミズノ株式会社
0120-320-799（ミズノお客様相談センター）
www.mizuno.co.jp

Special Thanks　日本ソフトバレーボール連盟　渡邉　孝
北海道ソフトバレーボール連盟

発行者　吉田芳史
印刷所　株式会社文化カラー印刷
製本所　大口製本印刷株式会社
発行所　株式会社日本文芸社
〒135-0001
東京都江東区毛利2-10-18　OCMビル
電話03-5638-1660（代表）

Printed in Japan 112200123-112200123　Ⓝ01（210071）
ISBN978-4-537-21768-1
内容に対するお問い合わせは、小社WEBサイトお問い合わせフォームまでお願いいたします。
URL　https://www.nihonbungeisha.co.jp/